ESTRATÉGIA EMPRESARIAL

Istvan K. Kasznar | Ary S. Graça Fº

ESTRATÉGIA EMPRESARIAL

MODELO DE GESTÃO VITORIOSO E INOVADOR DA
CONFEDERAÇÃO BRASILEIRA DE VOLEIBOL

M.Books do Brasil Editora Ltda.

Av. Brigadeiro Faria Lima, 1993 – 5º andar – Cj. 51
01452-001 – São Paulo – SP – Telefones: (11) 3168-8242 / (11) 3168-9420
Fax: (11) 3079-3147 – e-mail: vendas@mbooks.com.br

Dados de Catalogação na Publicação

KASZNAR, Istvan Karoly; GRAÇA Fº, Ary S.
Estratégia Empresarial – Modelo de gestão vitorioso e inovador da Confederação Brasileira de Voleibol/ Istvan Karoly Kasznar; Ary S. Graça Fº
Publicado pela M.Books do Brasil Editora Ltda. – São Paulo – 2006
1. Administração 2. Negócios 3. Esporte

ISBN: 85-89384-92-6

© 2006 by Istvan Karoly Kasznar e Ary S. Graça Fº

Todos os direitos reservados à CBV – Confederação Brasileira de Voleibol. Proibida a reprodução total ou parcial deste livro. É expressamente necessária a autorização da CBV para quaisquer tipos de reprodução. Direitos de reprodução e distribuição cedidos à M.Books do Brasil Editora Ltda.

EDITOR: MILTON MIRA DE ASSUMPÇÃO FILHO

Coordenação Técnica: Evelyn Cordeiro; Flávia Cattapan
Produção Editorial: Salete Del Guerra
Revisão de Texto: Sílvio Ferreira Leite; Vera Ayres; Renatha Prado
Coordenação Gráfica: Silas Camargo
Fotos: Acervo CBV, Acervo FIVB
Design de Capa: Douglas Lucas
Foto de Capa: © Dynamic Graphics Group / Creatas / Alamy
Projeto Gráfico: MC2Public
Diagramação: All Print

CBV – Confederação Brasileira de Voleibol
Shopping Città América
Av. das Américas, 700/ bl 7 - Barra da Tijuca - Cep: 22640-100
Tel: (21) 2114-7200 | Fax: (21) 2114-7272
relacoesinstitucionais@voleibrasil.com

Sumário

Prefácio vii

Apresentação ix

1 – A Estratégia Esportiva do Voleibol Brasileiro 1

2 – Importância Estratégica do Exercício da Presidência 12

3 – A Elaboração de uma Estratégia Empresarial 14

4 – A Ponte entre os Resultados nas Quadras e as Empresas Patrocinadoras . . . 18

5 – Fatores Que Explicam o Sucesso Empresarial do Voleibol Brasileiro . . . 24

      5.1   Etimologia e Significado da Palavra Sucesso 25

      5.2   As Precondições de Sucesso Foram Atendidas no Voleibol Brasileiro . . . 26

          5.2.1   Precondições de Sucesso 27

      5.3   Classificando as Razões de Sucesso do Voleibol do Brasil . . . 30

6 – Organizações Essenciais ao Esporte 42

7 – Participação das Empresas Que Ajudam a Fazer o Voleibol no Brasil . . . 49

8 – Fatores Que Explicam o Sucesso do Voleibol no Brasil na Visão dos Empresários . . . 53

9 – Geração de Empregos Diretos e Indiretos 56

10 – Relações Nacionais e Internacionais 59

      10.1   Ministério dos Esportes 60

      10.2   FIVB — *Fédération Internationale de Volleyball* 61

      10.3   Federação Sul-Americana de Voleibol 63

      10.4   Comitê Olímpico Brasileiro 63

      10.5   Federações Estaduais de Voleibol 64

      10.6   Comitê Olímpico Internacional 65

11 – A Estruturação da CBV para Alcançar Seus Objetivos 67

12 – A Estrutura Interna da CBV 70

Estratégia Empresarial

12.1	A Presidência e o Modelo MRCE®.	77
	12.1.1 A Gestão Estratégica Presidencial nos Moldes do Vôlei do Brasil e os Princípios do Modelo de Gestão Estratégico Esportivo Desejado — GEED® e do Método dos Resultados Crescentes de Escala — MRCE®	79
	12.1.1.1 Gestão na CBV.	89
12.2	UEN — Unidade Estratégica de Negócio	90
12.3	Gerência	91
12.4	UCN — Unidade de Competições Nacionais	97
	12.4.1 COBRAV — Comitê Brasileiro de Árbitros de Voleibol	101
12.5	USE — Unidade de Seleções.	103
12.6	UEV — Unidade de Eventos	110
12.7	UVP — Unidade Vôlei de Praia.	121
12.8	UVV — Unidade VivaVôlei.	124
12.9	Planejamento Econômico-Financeiro	126
12.10	Marketing.	130
	12.10.1 Imprensa	133
12.11	Administração.	134
	12.11.1 Gestão de Pessoas.	139
	12.11.2 Atividades de Apoio.	141
	12.11.2.1 Sistema de Registro.	141
	12.11.2.2 Sistema Vôlei Travel	141
	12.11.2.3 Sistema de Instrumentos Jurídicos	144
	12.11.2.4 Armazém Esportivo.	144
	12.11.2.5 Tecnologia	146
	12.11.2.6 Centro de Vôlei de Saquarema	152

Conclusão.	159
Anexo A — Dados e Estatísticas Levantadas	161
Anexo B — Vôlei Brasileiro Comemora Temporada de Vitórias em 2005	169
Glossário	175
Referências Bibliográficas.	177
Notas	181
Direitos Autorais, de Uso e de Disseminação	183
Sobre os Autores	185

Prefácio

Perceber no esporte uma ferramenta de alavancagem de negócios é, já há alguns anos, um importante diferencial no desempenho de uma empresa. As competições esportivas passaram a ser eventos de oportunidade, empresarial. As organizações passaram a valorizar os atributos do esporte, a dar valor à marca, e os exemplos de vida dados pelos atletas, a inspirar e motivar a juventude, os funcionários e clientes.

O Banco do Brasil é um exemplo de que a parceria entre empresa e esporte, se bem planejada e estruturada, é receita de sucesso para os dois lados. A Empresa estruturou seu projeto de marketing esportivo, em 1991, baseado no apoio ao vôlei brasileiro. Além do patrocínio às seleções, foi criado o Circuito Banco do Brasil de Vôlei de Praia, embrião de um projeto que atualmente é o maior e mais competitivo torneio nacional desse esporte no mundo.

Desde então, os resultados alcançados comprovam a importância da parceria. No vôlei *indoor*, com as seleções adultas, em 91 competições disputadas entre 1991 e 2005, foram 63 pódios, 25 deles com o primeiro lugar – destaque para os títulos olímpicos, em 1992 e 2004.

No primeiro ano de Circuito Banco do Brasil de Vôlei de Praia, foram disputadas apenas cinco etapas no masculino. Já no ano seguinte, foi criada a modalidade feminina e a competição ganhou 16 etapas. Foi, sem dúvida, o início de uma nova era. Os brasileiros deixaram de ser coadjuvantes dos norte-americanos nas competições internacionais e passaram a ser protagonistas.

Desde 1991 até 2004, mais de 3 mil atletas disputaram as 200 etapas do Circuito Banco do Brasil, em 26 cidades. Hoje, é o maior torneio nacional de vôlei de praia no mundo. Não é à toa que as conquistas nas areias nesse período são tão expressivas. No feminino, ganharam-se 11 títulos do Circuito Mundial e 5 medalhas olímpicas. No masculino, 10 títulos do Circuito Mundial e duas medalhas olímpicas. Em Atenas, as duplas patrocinadas pelo BB, Adriana Behar e Shelda e Ricardo e Emanuel, conquistaram as medalhas de prata e ouro, respectivamente.

Para o Banco do Brasil, além da contribuição ao desenvolvimento do esporte olímpico brasileiro, investir em marketing esportivo proporciona também retorno negocial e de projeção da marca. O BB passou a ser mais atraente ao público jovem. A média de idade da base de clientes rejuvenesceu em 10 anos.

Em 2004, mais de 200 mil pessoas estiveram presentes nas competições patrocinadas pelo BB. Dessas, 10 mil eram clientes do Banco do Brasil convidados para áreas de relacionamento instaladas nos eventos. Além disso, foram firmadas parcerias negociais com 50 empresas, proporcionando um incremento de rentabilidade de R$ 3,6 milhões.

O esporte também é importante catalisador do relacionamento comercial entre empresa e cliente. A promoção do Banco vinculada às Olimpíadas de Atenas, por exemplo, gerou incrementos expressivos na meta de venda de produtos e serviços.

As ações de marketing esportivo geram para o Banco do Brasil uma excepcional visibilidade para a sua marca. O patrocínio na área esportiva resgata valores ligados à responsabilidade social e à ética, atributos que diferenciam a empresa aos olhos do espectador. Outra vantagem do marketing esportivo é permitir que a marca apareça nas horas de lazer do consumidor, o que aponta lembrança positiva e com retorno espontâneo de mídia. O marketing esportivo é um dos fatores que permite ao Banco do Brasil ser a marca mais lembrada em todas as 15 edições do *Top of Mind*, apurado pelo Instituto Datafolha.

O esporte é também um importante elo para o investimento em ações socialmente responsáveis, impulsionando o desenvolvimento socioeconômico e agregando valor à marca. Durante os eventos esportivos patrocinados e promovidos pelo BB em 2004, foram gerados 4,4 mil empregos temporários e arrecadadas 775 toneladas de alimentos não perecíveis para o Programa Fome Zero. Cerca de 50 entidades, entre hospitais e creches, receberam visitas de atletas patrocinados pelo Banco e 5,3 mil crianças participaram das escolinhas de vôlei de praia e tênis da empresa.

Esses números, por si só, são apenas uma pequena demonstração do que o investimento em esportes, feito de modo planejado e duradouro, pode proporcionar de retorno a uma empresa. Hoje, a marca do Banco do Brasil está ligada ao vôlei brasileiro de maneira quase indissociável. As conquistas dentro da quadra reforçam a imagem de uma parceria vitoriosa e despertam no torcedor a percepção de uma empresa campeã.

Eis porque, com ótica empresarial bem seletiva, faz tanto sentido investir no esporte.

Este livro mostra com grande felicidade, ineditismo e profundidade técnica, por que investir no esporte e em particular no voleibol é mais que uma necessidade, é uma atitude de máximo bom senso estratégico empresarial.

Banco do Brasil

Apresentação

Um dos maiores desafios com os quais se defrontam os empresários, as autoridades e os profissionais vinculados à área esportiva, corresponde ao fato de disporem de poucos dados práticos afeitos ao setor e que sejam comprovados, com vínculos claros oriundos da realidade empresarial e de negócios.

O grande valor desta obra, constituída por dois livros que se integram e versam sobre o mesmo assunto, os esportes no Brasil, com ênfase sobretudo para o voleibol, é que ela expõe tal como é a realidade empresarial, de investimentos e de ações promocionais, com depoimentos de pessoas proeminentes do mundo esportivo.

Os entrevistados atuam na frente operacional do esporte e nos bastidores. Portanto, foram ouvidos em caráter inédito todos quantos colaboram a favor da grandiosidade do esporte tanto nas áreas de comando e frente de ataque operacional, quanto de apoio e *staff*.

Há espaço tanto para a percepção de quem atua no local onde há refletores para iluminar cada pulo, gesto e sacada de um atleta ou treinador quanto de quem prepara as arenas, tece os uniformes ou produz as bolas, para que todos juntos consagrem a prática esportiva e obtenham ganhos sociais, comunitários, de relacionamento, emotivos, financeiros e econômicos.

Desta forma, esta obra, dividida em dois livros e volumes, é inédita no Brasil. Fomos ouvir, onde estivessem, todos quantos contribuem para o esporte, seja amador, profissional ou destinado ao resgate e à integração social. E este ato considerou os atletas, os treinadores, os dirigentes, os empresários e os políticos.

Os dois livros têm os seguintes títulos: *Estratégia Empresarial – Modelo de Gestão Vitorioso e Inovador da Confederação Brasileira de Voleibol* e *Estratégia Vitoriosa de Empresa Segundo Seus Personagens – A Visão Política e Depoimentos de Atletas, Empresários e Dirigentes das Federações*.

Este livro, *Estratégia Empresarial*, foi escrito com o objetivo de passar aos leitores um modelo de gestão vitorioso e inovador, proporcionando a empresários, executivos e empreendedores conceitos e idéias a serem implantadas em seus negócios. É, portanto, um texto prático de administração esportiva. O segundo livro, *Estratégia Vitoriosa de Empresa Segundo Seus Personagens*, é composto de entrevistas e está disponível para os leitores nas livrarias.

Ouvimos tanto a iniciativa privada quanto vários mentores das atuais políticas públicas, quando versam sobre esporte. E anotamos a percepção de cada um, notando um elevado grau de interação e de vontade de contribuir de ambas as partes.

Certamente, demanda-se mais do Estado, da União e dos governantes em geral. Mas esta demanda é sadia e vem como contribuição construtiva. Não se notou em momento algum um tom de reivindicação ou de pedidos por parte daqueles que manifestaram interesse em ver o Estado mais atuante no esporte. E certamente, as autoridades deixaram claro que se motivam pelo tema e estão conscientes de que muito progresso e novas medidas que incentivem o esporte deverão ser adotadas para promovê-lo.

Fizemos ao todo 76 entrevistas e colhemos depoimentos de personalidades do mundo esportivo. Assim, captamos, de ilustres conhecedores do assunto, de todo o Brasil, opiniões e pareceres. Todas as macrorregiões foram visitadas e nelas, dirigentes das federações de voleibol, empresários e atletas foram ouvidos.

Isto nos permitiu levantar um verdadeiro quadro situacional do esporte, especialmente do voleibol.

E este quadro também se traduz em números e dados muito relevantes, impressionantes e freqüentemente tidos como confidenciais – especialmente quando se trata de ganhos e patrocínios esportivos.

O leitor descobrirá que mediante as 76 entrevistas abrimos o que seria a *caixa-preta* do esporte e, em especial, do voleibol. De fato, se ela já não existia há décadas, pois os dirigentes do voleibol sempre agiram com transparência, abrindo os dados de sua confederação, com este livro e os depoimentos não há dúvidas sobre um fato: o voleibol mostra tudo, o seu interior e desvenda suas verdades numéricas.

Descobrimos que não havia nada a esconder. Nem o que suspeitávamos serem *números confidenciais*. Nem uma pergunta nos foi deixada sem resposta. Isto certamente depõe a favor do voleibol e explica por que ele alcançou um sucesso espetacular e continua evoluindo, para servir de referência mundial.

Não há o que esconder. E isto é sumamente sadio. Permite que as pessoas conheçam o quadro real do esporte, a sua situação e formulem opiniões próprias a respeito dele, com plena liberdade analítica e de pensamento.

Apresentação

O tom dos depoimentos é sincero, honesto. As respostas são espontâneas e nos esforçamos em manter o tom de cada conversa, que sempre se passou com a maior cordialidade.

Acreditamos que nossos esforços foram recompensados pelas respostas francas e valiosas de todos os entrevistados. E que pela sua natureza elas incentivarão numerosos empresários, ainda temerosos em promover o esporte, a investir nele.

Encontramos respostas e rostos sorridentes em todos os depoimentos. No lugar de tensão, havia atenção e vontade de abrir mais e mais dados e opiniões. As entrevistas vararam as manhãs, tardes e noites, e como a maioria delas ocorreu de cinco a um mês antes das Olimpíadas de Atenas tivemos de usar nosso melhor preparo atlético, pois com muita atenção, ouvimos os depoentes onde eles estavam – no Aryzão, o supercomplexo esportivo do voleibol, o mais moderno do mundo, localizado em Saquarema – RJ; no Congresso Nacional; na Câmara dos Deputados; nas quadras esportivas; nos clubes; nas fábricas; nas empresas; ou nas rodovias e aeroportos do Brasil.

Inúmeras dúvidas poderão ser desfeitas com a leitura destes livros, pois quanto custa uma campanha, um time, um atleta, um treinador, a montagem de um teatro de arena, uma associação com clubes e assuntos congêneres é respondido por quem faz e pratica realmente.

Às vezes, um empresário não investe em esporte alegando não dispor de dados. Logo, carece de informação estratégica para a tomada de decisões.

Portanto, nestes livros, o bom garimpeiro acha uma mina de ouro. Os dados estão disponíveis, ao lado de inúmeras percepções empresariais e atléticas que formam o tom, o *mood*, do mundo dos esportes.

Na segunda parte deste trabalho, investigamos a estrutura, a forma de proceder e de produzir e a lógica da ação que leva à integração de medidas concebidas estrategicamente pela própria CBV – Confederação Brasileira de Voleibol.

Visitamos cada uma de suas unidades, cinco ao todo, que seguem o conceito norte-americano de *strategic business unit*, ou unidade estratégica de negócios, que deve focalizar o propósito do negócio e agir com objetivos claros e puramente empresariais.

As áreas de cada unidade nos foram mostradas e conversamos com os seus titulares, para entender e conhecer os métodos, as rotinas, os processos e os sistemas de trabalho. Mediante debates abertos, procuramos entender em que consiste o cerne da Administração da CBV.

A partir desta preocupação, procuramos obter respostas para o verdadeiro modo interno de fazer da CBV. Esta atitude permite que se casem os interesses de comando, ação e su-

xi

porte dados pela alta administração, que comanda as unidades, as faz funcionar e as integra à área operacional, na qual se desenrolam os treinos, os jogos e as competições.

Eis por que será descrita objetivamente cada unidade, área e seção de trabalho da CBV, com ilustrações importantes das ferramentas de trabalho utilizadas por ela para tornar o esporte uma realidade bem-sucedida.

Com estes livros, buscamos mostrar que os dados existem e têm fonte. Existe proveniência e isto pode ser comprovado. Portanto, o esporte pode ser claro, transparente, translúcido e não deixar margens a dúvidas. E as respostas, desta feita, não são apresentadas e calculadas por um técnico, fazendo projeções econométricas que só um par de iniciados entende. Elas são fornecidas pela fonte primária, por quem faz. Por atletas, que no dia-a-dia praticam esporte. Por dirigentes, que no dia-a-dia labutam nos clubes, nas federações e confederações. Por empresários, que sabem exatamente o que produzem e a que preço, para vestir, calçar, dar instrumentos, estruturar, construir e solidificar o esporte.

Além disso, estes dados dão suporte aos dois livros anteriores, que escrevemos em conjunto: *O Esporte como Indústria I e II*, corroborando todas as nossas afirmações e projeções anteriores neles contidas.

Nesses dois livros, mapeamos as estatísticas esportivas de empresas de todos os ramos industriais e de serviços do Brasil, sem versar com atletas e dirigentes esportivos. Os dados eram enquadrados em planilhas, para gerarem a base de projeções.

Desta vez, procuramos mostrar por meio de depoimentos, o profundo envolvimento empresarial, administrativo, econômico, jurídico, produtivo, promocional e comunitário que há no âmago do esporte.

São as palavras de cada empresário, treinador, atleta, político, dirigente e jurista que contam. Cada um deles contribui com a sua parte, com a sua experiência. Quando se juntam as declarações, obtém-se um quadro formidável, rico, técnico e divertido do verdadeiro mundo esportivo do Brasil.

1 – A Estratégia Esportiva do Voleibol Brasileiro

Por definição, um esporte campeão.

Este é o voleibol brasileiro, no terceiro milênio que se inicia.

Como explicar esta qualidade de campeão, conquistada em tão pouco tempo, sobretudo a partir de 1992, ano das Olimpíadas de Barcelona, na Espanha, que faz até as pessoas mais bem informadas parecerem aturdidas, chocadas e com dificuldades de compreender como um esporte que nos anos 60 mal era conhecido e praticado ser atualmente o que mais cresce, em ritmo exponencial e sem parar?

Estima-se que em 2003, dos 63 milhões de brasileiros que praticavam algum tipo ou modalidade esportiva ao menos uma vez por semana, 16,7 milhões fossem praticantes de vôlei.

O esporte chegou a tal ponto que um atleta voleibolista de primeira ganha salários anuais que ultrapassam US$ 250 mil. Ou seja, o vôlei paga tão bem que atrai os melhores atletas e sustenta com dignidade suas famílias.

O Brasil já é reconhecido como o maior papa-títulos do circuito mundial de competições destacadas. Em 2003, de 37 competições, o Brasil celebrou no pódio 34 vezes os seus feitos. Em 2004, ano especial por conta das olimpíadas, o Brasil ganhou 12 das 14 competições principais e ficou no pódio todas as vezes. Em 2005 foram 80 medalhas.

Para onde quer que se olhe, o título e o ouro são do Brasil: Olimpíadas; *World Grand Prix*, Liga Mundial, Campeonato Mundial, Copa América e Campeonato Sul-Americano, para citar apenas alguns dos mais visados.

Ou seja: só dá Brasil!

Obviamente, com um desempenho deste nível, o público se entusiasma e surge um crescente e cada vez mais robusto círculo virtuoso. Porque o sucesso do vôlei nas quadras é inequívoco e certo, os torcedores vão ao estádio e ao ginásio com seus filhos. Vale a pena ver jogos bonitos e vitórias.

Como há jogos bonitos e vitórias, as empresas de televisão atendem ao animado interesse dos telespectadores e torcedores, transmitindo cada vez mais as partidas.

Como o vôlei é cada vez mais vitorioso e aparece mais e mais na tela, as empresas patrocinam os times e pagam cada vez melhor os jogadores.

Como os jogadores e treinadores ganham cada vez mais e as equipes são apoiadas por empresas patrocinadoras, os pais incentivam seus filhos e suas filhas a jogar vôlei. Com o aumento da prática, aparecem mais e mais talentos, que geram mais e mais vitórias. E novamente, então, o ciclo se repete.

Para chegar a estes resultados magníficos, foi preciso ter coragem, visão, audácia, e sobretudo estratégia. Os dirigentes do vôlei do Brasil foram dotados de uma visão estratégica ímpar.

É sobre isto que discorreremos a seguir.

A adoção de uma *estratégia* significa assumir decisões magnas, de ordens maiores, que direcionam a empresa e seu negócio para a evolução a longo prazo.

Uma estratégia bem concebida, profunda, duradoura, persistente, certamente deve ser de longo prazo. Ela é desenhada para durar décadas, quem sabe séculos. E na sua essência, ao ser montada, há de contar com pessoas que são ao mesmo tempo visionárias, talentosas, ambiciosas e empreendedoras.

Pois bem, é exatamente este padrão de atitude e de comportamento estratégico que foi adotado pela CBV — Confederação Brasileira de Voleibol, para alcançar seus objetivos.

O voleibol do Brasil foi, em 2004, campeão olímpico com a seleção principal e a dupla masculina de praia, sendo que pela segunda vez, incluindo-se o ouro de 1992, em Barcelona, na Espanha, ele assumiu a liderança indiscutível.

As vitórias olímpicas se repetem. Ouro e Prata já são conquistas *normais*.

No cenário mundial, em 2003, de 37 competições promovidas nos circuitos do voleibol de alto desempenho, o Brasil ganhou e figurou no pódio 34 vezes.

Sim, 34 vezes. Estes são feitos inéditos, únicos, sem par na história do voleibol mundial.

A vitória tornou-se uma rotina. Ganhar, ganhar e ganhar de novo, assumindo o posto mais alto e máximo do pódio é o tom das seleções e das duplas brasileiras.

A diferença dos resultados do voleibol brasileiro sobre seus adversários é tão grande, tão acachapante e tão óbvia, que se pode afirmar, sem sombra de dúvida, que o Brasil assumiu a liderança mundial isolada, incontestável e absoluta desta modalidade esportiva.

O Brasil é, neste terceiro milênio, a maior e mais efusiva potência mundial de voleibol.

Esta conquista, contudo, exigiu um trabalho e uma estratégia muito bem estabelecidos. Não ocorreu por acaso, ou como um milagre e foi longe de ser uma geração espontânea.

Qual foi esta estratégia? Que elementos permitiram a formulação da estratégia campeã do voleibol do Brasil? De onde partiu e como se afirmaram as ações e decisões que geraram uma superpotência voleibolística que não tem precedentes no voleibol do planeta?

Certamente estas perguntas são instigantes e não têm respostas únicas, evidentes e fáceis.

Um mar de argumentos e de boas justificativas entrelaçadas pode ajudar a esclarecer este fenomenal resultado ascendente do voleibol do Brasil. Contudo, nenhuma resposta será por si mesma completa, pois sempre haverá mistérios e outros fatores a deslindar.

Ainda assim, vamos procurar estudar esta fenomenologia à luz dos exaustivos estudos e levantamentos que realizamos, entrevistando pessoas representativas do mundo esportivo, empresarial, público e diretivo.

1 – O primeiro enfoque e argumento que merece destaque na busca de respostas associadas à formação de uma estratégia com sucesso extraordinário no voleibol está associado à sua base histórica.

Nos idos de 1940/1950, o voleibol foi introduzido com firmeza no Brasil. Começou a ser praticado sobretudo nos clubes. Os clubes, com seu propósito social, incentivavam atividades esportivas lúdicas, divertidas, feitas para reunir pessoas e para gerar um ágil movimento psicomotor.

Praticado tanto por homens quanto por mulheres, o voleibol espalhou-se inicialmente no Rio de Janeiro, pelas suas maravilhosas e ensolaradas praias. Fosse de manhã, fosse de tarde, ele era praticado em toda a orla litorânea, produzindo gerações sadias, alegres e motivadas.

Em São Paulo e Minas Gerais, mais e mais adeptos do voleibol apareceram, encantados com os predicados oferecidos pelo esporte: desenvolvimento da musculatura integral, agilidade, dinamismo e reflexos imediatos foram estimulados. Ademais, uma relação social sadia estabeleceu-se entre os praticantes.

Nos anos 60, já bem firmada a capacidade aeromotora do voleibol e sua pluralidade benéfica aos praticantes, o esporte ganhou novos adeptos. Entre os homens, sobretudo da sociedade civil, encantou membros da classe alta e da classe média bem abastecida. E as forças armadas brasileiras viram com bons olhos a expansão do esporte na caserna, incentivando-o nos quartéis e em todas as quadras de treinamento militar.

Desta forma, no início dos anos 70 já havia no Brasil um corpo central crítico, bem treinado e tarimbado, formado por atletas do voleibol que sabiam jogar tanto social e competitivamente, quanto treinar as novas gerações.

Estratégia Empresarial

E tão importante quanto isto, ainda havia em pleno desenvolvimento um novo corpo dirigente que, além de se divertir nas quadras, também assumia o papel de executivo empresarial e formador das classes de elite mais abastadas.

No seu processo de evolução democrático e atraente para todas as pessoas de todas as raças, credos e com qualquer poder aquisitivo, o voleibol atraiu gente de todas as classes, configurando uma brasilidade completa. E então estes elementos, unidos e fundidos, estabeleceram uma novidade no esporte brasileiro.

Da espontânea combinação de pessoas valorosas, valiosas, com educação superior e universitária, associadas a uma rigorosa disciplina e a uma alegre vontade de desfrutar a vida, foi que surgiu a base, o caldo de cultura que permitiu que se enxergasse, já nos anos 70, o voleibol como um esporte com tudo para dar certo. Como esporte e como negócio.

Esta visão, esta sensação, portanto, não é nova. Ela foi concebida, iniciada e desenvolvida no Brasil, ao longo de mais de 35 anos, entre 1970 e 2004.

Em segundo lugar, na seqüência histórica destes eventos, merece ser observado que o voleibol caiu no agrado do regime militar instaurado no Brasil pelo golpe de 1964. E no meio desse complicado momento da história recente do país, em que se incentivaram todas as modalidades esportivas, surgiram novas gerações de dirigentes de voleibol que souberam dialogar, com rara felicidade, com o poder instalado.

Em meados dos anos 70, Carlos Arthur Nuzman assumiu o comando do voleibol brasileiro. Excelente jogador de vôlei, membro da seleção masculina principal, com refinada formação e educação, dispondo de muito boa penetração social, já estabelecida anteriormente pelo seu pai advogado e dono de sólidos bens, Nuzman soube dar prosseguimento à formação de sua educação, inserção social e crescimento individual.

Dotado de boa riqueza, ele teve condições de deixar claro a todos os pares que a sua paixão pelo esporte era um assunto pessoal, que não dependia de interesses econômicos e financeiros para ocorrer. Pôde então ingressar na gestão esportiva de ordem superior com a pátina de um mecenas, de um arauto, o que lhe valeu dupla confiança, tanto dos atletas e treinadores praticantes quanto dos detentores do poder, logo, dos militares que comandavam o Brasil naquela época.

A situação no início dos anos 70 era muito complicada. Embora ocorresse o *milagre econômico*, o Brasil e sua sociedade viviam em um cipoal, enredados por mútuas desconfianças, comandados por um Estado tentacular, que se movia com forças burocráticas em busca de uma estruturação militarista.

Nesse ambiente, interpretando adequadamente os sinais do enredo, Carlos Arthur Nuzman passou a exercer um paciente, cuidadoso e transparente trabalho envolvendo o poder instalado. Ele mostrou como o voleibol evoluía. Defendeu a sua expansão por meio de modernos procedimentos empreendidos nos centros mais desenvolvidos. Sugeriu práticas de gestão mais modernas.

Isso passou a significar grandes mudanças no setor esportivo em geral. Entre elas, emblematicamente, merece atenção e destaque o fato de que lhe coube introduzir, em debates no Conselho Federal de Desportos, a importância do primeiro patrocínio empresarial em camisas, calças e afins, que representavam os clubes esportivos. Os poderosos viam o patrocínio privado com desconfiança. Nuzman demoliu um a um os argumentos que pudessem gerar desconfianças e conseguiu verbas que começaram a aportar nos clubes e para a formação de novos times.

Esta vitória significa muito e representa uma inflexão marcante no processo de financiamento dos esportes no Brasil. No lugar de uma constante dependência umbilical em relação ao Estado, à viúva, ao eterno provedor, forjava-se um novo conceito: o de que o esporte, e em particular o voleibol, poderiam ser financiados pela iniciativa privada, logo, pelo capital produtivo.

Além disso, atuando na segunda ponta, Nuzman enxergou que o voleibol era praticado como complemento, e sobre uma base comum, tanto nas escolas quanto nos clubes. Isto é, o voleibol exige excelente condicionamento físico, que é proporcionado pela Educação Física. Então, Nuzman introduziu uma obrigatoriedade: a Educação Física como uma das condições prévias, como disciplina obrigatória e essencial para a prática adequada do voleibol.

Isto equivale a afirmar que o voleibol tem como pré-requisito, para ser bem desenvolvido, a prática diligente da Educação Física. E esta proposta agradou a todos.

Tanto os poderosos do momento quanto os atletas, os dirigentes de clubes e os escolares e universitários viram com bons olhos o casamento entre a Educação Física e o voleibol. Com a associação das duas práticas esportivas, todos ganharam, principalmente porque se viu uma finalidade para a Educação Física, um propósito para um objetivo nobre, até porque o voleibol é um esporte olímpico.

Assim, nos anos 70, surge a primeira concepção estratégica do voleibol brasileiro, assentada sobre dois eixos fundamentais. Primeiro, o de assegurar e ampliar as fontes de renda do esporte pela via dos patrocínios. Segundo, o de dotar a população de uma pré-condição para a prática adequada e acertada do esporte.

Ambas as medidas são de natureza estratégica, pois amadurecem e asseguram a evolução do esporte e de um negócio esportivo no longo prazo.

Mas este marco era uma condição necessária, sem ser suficiente.

Desde 1975, assumiu a Vice-Presidência da CBV Ary Graça Fº, ativo executivo empresarial, com aguda percepção prática para a geração de negócios e a motivação de equipes.

Nos anos 80, Nuzman percebeu que necessitava estruturar o voleibol como um negócio. Assentou-o, então, já com a histórica CBV, com um desenho e uma estrutura organizacional moderna. E ele fez com que girassem e orbitassem em torno da CBV as federações estaduais de vôlei, cada uma atuando com independência em seu Estado Federativo, mas ligada e dependente nas decisões de ordem superior da própria CBV.

Um misto de caráter descentralizador — em âmbito de decisão direta por Estado sobre sua área de influência — e de caráter centralizador, com subordinação a um comando único confederativo, que passam a gerar o estilo de comando do voleibol. Um estilo que passou a oferecer suas vantagens, mostrando-se apropriado para as necessidades do momento. A descentralização agiliza, enquanto a centralização unifica e dá foco.

Então, como decorrência destes quatro elementos principais, o voleibol se solidificou e se expandiu por todo o Brasil. Foram dadas as condições fundamentais para sua expansão, em uma conotação estratégica.

Em relação à quarta dimensão, que é empresarial, logo se pode perceber o que ela significava: mover os eventos que se constituíam na prática competitiva do esporte, tal e qual um negócio. Isto é, o voleibol passou a desdobrar-se e a dividir-se por tipos de modalidades a serem praticadas.

Data do início dos anos 80 este conceito mercadológico: o de saber dividir o esporte por tipo e público-alvo. O voleibol passou a ser bem caracterizado: ou é *indoor*, realizado em quadra, ou é de praia; ou é social e para a criançada, como atividade formadora e educacional, ou é competitivo e para gerar alto desempenho, com equipes profissionais, para ganhar dinheiro; ou é gerador de caixa, ou é feito para inserir segmentos indigentes e desassistidos da população.

Esta classificação mercadológica é sumamente importante porque permite imediatamente que se identifique o que se quer fazer com o esporte, do ponto de vista do empresário e patrocinador; e o que e onde praticar, do ponto de vista do usuário e atleta.

Ficou estabelecido um marco estratégico mercadológico: o da clara identificação da seleta *prateleira de produtos disponíveis* oferecidos pelo voleibol. A CBV passou a saber com nitidez o que oferecer a todos os seus clientes e fornecedores; os empresários passaram a saber o que produzir e o que ganhar em troca; e os clientes passaram a identificar o que praticar ou consumir.

Nos anos 70 e 80, com a expansão do voleibol, criou-se uma mentalidade de expansão da prática voleibolística. Isto é, ele foi incentivado. E com uma massa maior de praticantes e verbas, pessoas talentosas passaram a jogar e a treinar, logo surgindo os craques. Vários atletas capacitados, ágeis e simpáticos passaram a simbolizar o voleibol.

Considerados quatro fatores, como verbas crescentes, condicionamento físico, capacitação empresarial e estrutural, e marketing, o voleibol ganhou impulsos estratégicos firmes, que perduram.

2 – O segundo enfoque estratégico é de cunho diretivo e certamente é determinante para explicar o sucesso e as glórias às quais ascendeu o voleibol.

Os dirigentes se modernizaram e aplicaram ferramentas de direção e gestão empresarial adequadas e criativas. Além disso, eles se fizeram presentes em todas as etapas da linha de produção do vôlei.

Para ser bem-sucedido, um empreendimento não pode depender de um único presidente, dirigente ou corpo de diretores e técnicos. Ele precisa de um número crítico acertado e conveniente de executivos, habilitados a substituírem-se uns aos outros à altura, com capacidade motriz autônoma, com rapidez, sem perda de substância e sem que se criem problemas de continuidade e de interrupção de projetos.

Ou seja, os dirigentes devem ser e estar afinados entre si, mesmo que sejam de gerações diferentes.

Isto confirma o pressuposto dos ciclos do poder de Ortega y Gasset, assim como de Arthur Schlessinger e Mannheim, em separado, que calculam aproximadamente de 17 a 30 anos o período de manutenção de poderes por lideranças e partidos, embora ressalte-se que não existe determinismo matemático em definição de poderes empresariais.

Advogado, carioca, esportista entusiasta do voleibol e de todos os esportes, membro titular da Seleção Brasileira de Voleibol, expoente dirigente de bancos, sócio empresarial de empresa aplicadora de recursos financeiros, investidor imobiliário e conhecedor profundo de análise de risco, Ary Graça Fº, raro estrategista nato, entendeu a linguagem de seu antecessor e amigo, sempre se afinando com ele.

Ao unir tantos predicados em uma só pessoa — jurista que sabe lidar com as leis e logo, com acordos e contratos; oriundo de uma cidade charmosa, que empresta a seus cidadãos

Estratégia Empresarial

um carisma incomparável; atleta veterano que não sai das quadras e vive intensamente todos os momentos ao lado da rede; empresário que alavanca o esporte, mas não tira dele seu sustento; dirigente que sabe lidar com riscos, retornos e vendas no país que em 2002 foi apontado como o de mais elevado índice de risco do mundo —, Ary certamente representou, segundo Nuzman, a pessoa certa para o lugar certo e na hora certa.

Ao identificar-se plenamente com os princípios estratégicos de seu antecessor e amigo, com o qual jogava voleibol desde o início dos anos 60, Ary Graça soube dar continuidade à estratégia da CBV.

O corpo diretivo e gerencial da CBV passou então a ser perfeccionista, convicto defensor do *erro zero e da qualidade total*. Ary Graça assumiu para si e para a equipe já existente os marcos estratégicos anteriormente apontados, assim como agregou a eles novos marcos.

O primeiro dos marcos principais foi o de enfatizar o voleibol como um negócio. Fazer com que desse lucro. Portanto, transformá-lo em uma atividade privada, lucrativa e geradora de riqueza.

E isto é sumamente importante. A CBV ressuscitou Mandeville, que defendia a tese de que 'vícios particulares rendem benefícios públicos'. Ou seja, pode-se afirmar que períodos bem geridos e presididos, de interesse privado, baseiam-se no princípio de que uma pessoa promove o interesse de toda a nação ao promover os próprios interesses lícitos e construtivos[1].

O segundo dos marcos principais foi o de *fazer o máximo dos máximos sempre*, uma defesa ambiciosa que lembra o princípio de Kant: 'Dê a um homem tudo que ele almeja e ele sentirá que esse tudo não é tudo'.

Nos tempos atuais, vive-se a sensação de que podemos nos superar e que, por melhores que sejamos, podemos ser ainda melhores. E a sociedade vive de esperança, ambições crescentes e desafios progressistas.

Essa soma de valores estratégicos, em ordem crescente, sem dúvida alavancou o esporte, instilou sangue novo e renovou o corpo do vôlei brasileiro.

Ao assumir a CBV em 1997, com mais de 40 anos de prática e exercício esportivo e de voleibol, Ary Graça decidiu dar continuidade às estratégias e às decisões de seu antecessor e somar inovações de monta. Isto significou que, no lugar de desmontar, destruir e tirar referências associadas ao "projeto voleibol do Brasil", ele adotou uma postura de acrescer mais valores ao que já existia, logo, gerar valor agregado.

No lugar de tirar, acrescentar, o que significa uma outra estratégia, a da continuidade das decisões certas.

É difícil adotar tal posição, posto que muitos dirigentes têm a tendência inata de criticar e desmontar administrações anteriores, para criar uma impossibilidade de comparação entre administrações presentes e passadas, e jogar, de preferência para si, os lauréis de novos sucessos.

Foi entendido que dando-se continuidade aos projetos bem-sucedidos do passado, e sobretudo acrescentando novos elementos estratégicos às cadeias de valor de produção, aos fornecedores e clientes, se ganharia muito mais e o voleibol mais ainda.

Isto porque no lugar de reconstituir pontes e bases após alguma destruição se perderia um tempo precioso.

Somar e acrescentar são soluções empresariais bem superiores e comprovam que é preciso agir em equipe no transcorrer do tempo.

É a união que faz a força. Basta aproveitar o que existe e reconhecer que o que foi alcançado já está obsoleto, logo, está pronto para ser substituído.

Conforme afirma Ary Graça: 'Nós temos o nosso modelo de gestão. O modelo de gestão é fundamental. Você é capaz de quebrar uma mina de ouro, se não tiver uma gestão conveniente. Algumas confederações estão vindo aqui, na CBV, e levando todos os nossos regulamentos'[2].

Munida desta percepção, a CBV foi incansável nos anos 90 e neste terceiro milênio em adotar e implantar com sucesso mais marcos estratégicos.

Entre eles, quatro merecem destaque, e apresentamo-los a seguir.

Decidiu-se reforçar uma forma mais completa uma atuação transparente, clara, cristalina e idônea na administração.

Isto é essencial, pois gera credibilidade e confiança. Para garantir tal movimento, a CBV passou a ser auditada regularmente, e suas contas passaram a ser publicadas em jornal de grande circulação, logo ficaram conhecidas por todo o público brasileiro e demais interessados. Abriram-se as portas da confederação, permitindo que todos pudessem visitar a instituição e conhecer sua realidade, métodos, regulamentos, procedimentos e projetos.

Não havendo o que esconder e havendo o que mostrar como resultado, este ato permanente gerou uma maior aproximação entre dirigentes e atletas, promotores internos do esporte e empresários.

Sabe-se onde se está e, portanto, não existem dúvidas de ordem ética. Ora, isto é fundamental no esporte, conforme afirmava o Barão de Coubertin: 'O esporte é um convite à prática sadia e socialmente correta de atividades físicas'.

Em busca de perfeição, a CBV modernizou os conceitos e as fórmulas do professor Deming, que instalou a Reforma Industrial no Japão, pós-Segunda Guerra Mundial. Errar não é apenas inadmissível. Errar não é humano.

É um marco estratégico o obstinado alvo do *acerto total e permanente, com erro e margem de erro zero.*

Para praticar este marco e ele não ficar só na conversa e no discurso, adotaram-se pela primeira vez no esporte mundial os métodos, os procedimentos de trabalho e as exigências de capacitação das regras ISO, a tal ponto que nem no Ministério dos Esportes, nem no Ministério da Indústria, havia experiência e conhecimentos precedentes sobre que padrões utilizar e como acompanhar a obtenção de excelência em uma empresa confederativa de esporte.

Por ser uma inovação aportada pela administração, o Inmetro, órgão do governo federal do Brasil, foi apontado para acompanhar todas as etapas da adoção das normas e regras ISO.

Em terceiro lugar, sabe-se que um empreendimento é bem-sucedido quando se expande, se atualiza, se moderniza, e quando se investe nele. E investir significa aportar capitais, atrair recursos e os melhores talentos.

O marco estratégico definido passou a ser o de aumentar em regime permanente e definitivo a infra-estrutura produtora de atletas voleibolistas de máximo desempenho.

Para que o objetivo fosse alcançado e tornado real, decidiu-se criar o maior e mais singular centro esportivo de voleibol do mundo, no município de Saquarema, no Estado do Rio de Janeiro.

Dotado de uma infra-estrutura de ponta e feito sob medida para as crescentes alturas dos atletas de máximo desempenho, esse centro esportivo passou a produzir os astros e as estrelas do vôlei, atletas que fascinam e hipnotizam com suas jogadas estupendas todos os torcedores, os patrocinadores e os praticantes do esporte.

O quarto e novo marco estratégico introduzido neste novo milênio chama-se simplesmente VivaVôlei, e é um empreendimento gigante.

O VivaVôlei se traduz como a mais pura estratégia de inserção social que um esporte possa ser. Ele é ofertado a patrocinadores que queiram resgatar e diminuir a gigantesca dívida social que o Brasil tem com suas populações pobres, alienadas, marginalizadas, perdidas e escravizadas pela miséria e a coerção de um sistema socialmente hiperinjusto.

Neste particular, o VivaVôlei apresenta a estratégia de querer atrair para o vôlei todos quantos queiram praticá-lo, desde a mais tenra infância, para dispor de atividades sadias, promotoras de bem-estar e regozijo coletivo. Assim, o VivaVôlei prepara hoje os atletas e os cidadãos do futuro, dando-lhes um rumo, formando-os para a participação e mostrando-lhes alternativas de vida.

Juntos, esses marcos adicionados combinados entre si e praticados de verdade, formam o epicentro, a coluna vertebral da estratégia do voleibol do Brasil.

E, conforme todos os brasileiros e leitores já devem ter percebido, eles foram adotados ao longo de décadas, funcionam, e geram os resultados que eram esperados, tornando o Brasil a maior potência mundial do vôlei.

2 – Importância Estratégica do Exercício da Presidência

Toda empresa e todo empreendimento são um espelho e um reflexo verdadeiro de seu presidente em exercício e de seus presidentes anteriores.

O presidente detém e pode exercitar como ninguém os poderes que são afeitos ao seu cargo de comando e direção superior.

O presidente de excelência deve ter as rédeas na mão, saber usar o poder e exercitar a distribuição de responsabilidades entre os membros de sua equipe e colaboradores, para alcançar os resultados estratégicos com times sempre motivados.

Quando um presidente exercita a contento o seu poder e demarca com precisão a estratégia organizacional a ser alcançada, para obter os resultados pretendidos, ele é capaz de levar os negócios e os empreendimentos ao reconhecimento social, empresarial, societário e mundial.

Portanto, ao se outorgar um posto tão importante e sublime a uma pessoa, é preciso saber perfeitamente se ela possui as aptidões e as capacitações que a tornarão habilitada a levar uma organização a um porto seguro e a empreendimentos maiores.

O cargo de presidente é, por isso mesmo, um cargo de longo prazo, que só pessoas com ambição e gana pelo poder e pela competência máxima podem exercitar.

Neste sentido, o que ocorreu com a presidência da CBV nos últimos 30 anos?

Merece atenção o fato de que a presidência foi sobretudo exercida por apenas dois dirigentes máximos do voleibol: a saber Carlos Arthur Nuzman e Ary Graça Fº.

Ambos contribuíram com o melhor de suas energias, conforme destaca Ary Graça ao fazer referência a um prazo ainda mais dilatado:

'Ao completar 50 anos de fundação, a CBV deu ao vôlei brasileiro, em síntese, os seguintes atributos: organização, alto profissionalismo, excelência, jovialidade, dinamismo, ausência de violência, atletas de nível, patriotismo, e vitórias e conquistas.'[3]

Ao longo das 76 detalhadas e exaustivas entrevistas que realizamos no ano de 2004, publicadas no livro *Estratégia Vitoriosa de Empresa Segundo Seus Personagens*, merece atenção o fato de que todas as pessoas entrevistadas, sem exceção, destacaram estas duas personalidades em 100% dos casos como aquelas que implantaram, adotaram, magnificaram e deram impulso qualitativo e quantitativo ao moderno voleibol do Brasil.

Merecem evidência as qualificações mais relevantes, que foram ressaltadas em cada entrevista realizada com empresários, autoridades públicas e atletas, e nas quais, por livre iniciativa, citam os dois magnos dirigentes do esporte e do voleibol do Brasil, como o leitor poderá apreciar no livro que apresenta as entrevistas.

Por que seria importante este conjunto de qualificações e características? O que se tem a ganhar com isso?

É muito importante que se estabeleçam os traços característicos dos dirigentes, porque eles podem delinear logo o perfil do presidente como alguém que toca e implanta negócios.

O talento empresarial e presidencial é raro e, portanto, precioso, em toda e qualquer comunidade.

Na função de presidente, o poder é exercido e tomam-se decisões. Há atividades inerentes a essa posição hierárquica, como os atos de decisão, comando, direção e planejamento estratégico, definição de prioridades, relacionamento institucional e capacitação da organização para atingir seus alvos maiores, entre outros. E presidentes competitivos servem de base, de referência para as novas gerações, que por sua vez haverão de ser habilitadas para o correto exercício do poder.

Em resumo, o que as 76 entrevistas revelaram de mais evidente é que esses dois dirigentes esportivos possuem como elementos similares: capacidade de exercício da autoridade, grande traquejo e habilidade na prática de relações interpessoais, facilidade de acesso aos meios empresariais e públicos, realização com elevada motivação e gosto pelo que fazem, capacidade de determinar com elevadíssimo grau de acerto as prioridades, capacidade de dizer sim ao que interessa e de dizer não ao que não interessa, capacidade de mobilizar pessoas em torno do mesmo objetivo, capacidade de persuasão e integridade.

3 – A Elaboração de uma Estratégia Empresarial

Tornar um país campeão mundial, ao mesmo tempo em todas as categorias que uma modalidade esportiva comporta, no mesmo ano ou biênio, é um sonho acalentado por todos.

Conseguir esta simultaneidade no infantil, no infanto-juvenil, no juvenil, no adulto — leia-se este como profissional, nos times de alto desempenho, é a maior glória que se pode conseguir no esporte.

Adicionalmente, conseguir ser campeão olímpico e poder mostrar o ouro estufando o peito dos atletas corresponde à glória das glórias. Estar literalmente no Olimpo, vendo em torno de si orbitarem estonteadas todas as outras equipes, admitindo uma nova realidade para o voleibol e entendendo que o cetro da liderança passou para novas mãos. Mãos brasileiras.

E é isto o que se conseguiu: alcançar o ápice do esporte, a ponta mais alta, o cume, tal como nunca alguém conseguiu na história do voleibol.

Sem ufanismos, o voleibol brasileiro, entre 1990 e 2005, foi inigualável. E, pelo visto, esta supremacia perdurará, já que se investe com afinco no presente e no futuro desse esporte. Considerando-se os resultados das olimpíadas de Atenas, os homens levam uma ligeira dianteira, pois ganharam duas medalhas de ouro, enquanto as mulheres conquistaram uma prata.

Basta observar que a cada ano, de 1998 a 2004, quando houve um campeonato mundial, de monta, marcante, o Brasil praticamente sempre alcançou o primeiro lugar. Pode ter acontecido um segundo, um terceiro ou um quarto lugar, mas a tônica, a rotina, foi ser campeão.

E quando assumir a liderança significa ser o *tempo inteiro* o primeiro da fila, isso quer dizer que as equipes assumiram um padrão. Um padrão contínuo de vencedor regular.

E a regularidade nas vitórias concede a respeitabilidade, a credibilidade e o temor ao time. No nosso caso, a todos os times brasileiros, praticamente.

Isto quer dizer que, com tamanha onda de repetições de vitórias, passa-se a acreditar que novas vitórias se sucederão. Afinal de contas, formou-se uma escadinha de gerações campeãs, pela qual uma geração mais antiga passa o bastão à seguinte, e assim sucessivamente.

No Brasil, os profissionais já possuem seus herdeiros e substitutos, que estão sendo treinados em ritmo alucinante, para que se eleve o padrão que já é ímpar, e não ocorra uma ruptura no desempenho já alcançado.

Desta realidade, assentada com maior nitidez entre 1998 e 2004, surge um questionamento natural e fundamental: como é que foi conseguido esse feito?

Em outras palavras, de que maneira foi edificada uma posição vitoriosa tão coerente, massificada e generalizada?

Sim, porque para onde quer que se olhe, seja em direção aos times masculinos ou femininos, o que se constata é um número crescente de vitórias.

A resposta, se é que existe uma plenamente satisfatória, está na atitude e na postura estratégica que foi adotada pela CBV para erigir a construção de resultados integrados e simultâneos, vitoriosos.

Como, por que e desde quando foi elaborada essa estratégia? São questões que procuraremos responder nas linhas que se seguem.

Em primeiro lugar, o vôlei foi encarado como um negócio. Isto é, passou a ser visto como um novo negócio, que deve ser auto-sustentável e, portanto, precisa gerar recursos próprios para se perpetuar.

Em segundo lugar, em função da primeira percepção, o vôlei deveria trazer para os seus empresários, atletas, treinadores, realizadores e mentores, em relação a custos, uma lista de benefícios bem elevada e clara. Ou seja, o vôlei deveria dar evidências indiscutíveis de que a cada empate de capital, tempo, talento pessoal e empresarial, tecnologia e estrutura, os investimentos realizados surtiriam efeito. E a tradução dos resultados destes investimentos se dá pelo número de vitórias, logo, especialmente, de primeiras colocações.

Em terceiro lugar, posto que o resultado é o que interessa, ao lado dos elementos sociais que o vôlei oferece ao grande público, este negócio deveria ter uma direção estratégica clara, para alcançar os resultados coerentes e bem afinados em longo prazo.

É bem verdade que todo patrocinador e atleta quer obter resultados imediatos, em curto prazo, para usufruí-los na hora, rápido, logo, o que seria melhor. Contudo, é por meio de vitórias imediatas que se sustenta a evolução do esporte em longo prazo, e é assim que ele se torna atrativo para as empresas, que querem existir na praça por tempo indefinido.

Isto significa que desde que se decidiu investir no esporte como negócio, ele passou a ser medido tal qual um negócio. E o principal parâmetro de medição tornou-se o número de vitórias anuais alcançadas pelo esporte.

Pode-se afirmar que a vitória e o número de primeiros lugares estão para o voleibol assim como o valor das vendas brutas anuais e os índices de rentabilidade líquida estão para as empresas geradoras de bens e serviços.

O importante é maximizar.

Sintomática foi a declaração do presidente Ary Graça: 'Nosso objetivo (para os Jogos Olímpicos de Pequim) é ganhar o impossível em 2008: três ou quatro medalhas de ouro (no vôlei e no vôlei de praia). Hoje, da forma como estamos organizados empresarialmente, não há outro país que dê as condições que o Brasil oferece a todas as equipes de vôlei e de vôlei de praia. Nenhum outro país se classifica para todas as competições como o Brasil'.[4]

Para alcançar este tripé de macroobjetivos, o vôlei teve de se organizar. Isto quer dizer que ele teve de assumir uma roupagem, uma estrutura, um arcabouço, como aqueles que as empresas competitivas possuem, e que querem levar vantagem competitiva sobre as outras, montam para si.

Em quarto lugar, isto significa que o vôlei decidiu desenhar-se como uma estrutura empresarial. Para que ela funcionasse, foi preciso ter todos os típicos componentes empresariais que são orientados e montados pela alta direção, ou seja, pela presidência.

E estes instrumentos, para existirem, serem utilizados e validados, precisam de uma equipe.

Em quinto lugar, isto significou que o presidente da CBV teve de escolher uma equipe talentosa, tarimbada, capacitada e sobretudo muito motivada, para preencher todas as vagas profissionais que compõem uma empresa esportiva. E isto, no Brasil, não é absolutamente nada fácil.

Até porque o esporte é visto por muitos, em nossos dias, como atitude divertida, lúdica, de lazer, e eles não conseguem enxergar com olhos empresariais, logo, formadores de relações pautadas e balizadas em contratos, seriedade profissional e compromisso. Mais ainda: não conseguem ver a atividade como formadora de *cash-flows*, com entradas e saídas de recursos, mobilizando capital para movimentos correntes e de investimento.

Naturalmente, atuar na quadra, dada a estrutura de suporte, significa contar com outros líderes, cujas decisões e atuações geram as vitórias. O Brasil conta com uma equipe de técnicos fenomenal, numerosa, experiente e positiva. As habilidades destes dirigentes se refletem também nos resultados de cada jogo e competição.

Na proficiência que tantos técnicos mostram, é missão impossível citar todos quantos geraram o sucesso do vôlei. Emblemática e simbolicamente, citam-se Bernardinho, apreciado como um herói nacional, e José Roberto Guimarães.

4 – A Ponte entre os Resultados nas Quadras e as Empresas Patrocinadoras

Para ser bem-sucedido, o voleibol do Brasil não mediu esforços na busca da profissionalização e da qualidade.

Para alcançar a profissionalização desejada, a CBV imprimiu em ritmo crescente uma mentalidade empresarial moderna, que segue os conceitos e as estruturas modelares das empresas norte-americanas.

Com o alcance e a obtenção desta estruturação, que passou a gerar os resultados pretendidos, com vitórias contínuas e cada vez mais numerosas, tornou-se crescente a credibilidade da CBV.

E as empresas fornecedoras e patrocinadoras, ao perceberem os sinais claros e contínuos de capacitação formal no mundo empresarial, passaram a dar maior e melhor apoio à CBV e às suas pretensões.

Isto corresponde a afinar os instrumentos de relacionamento institucional e empresarial, como decorrência da adoção de práticas organizacionais transparentes e coerentes com métodos que visam à produção racional e à obtenção de vitórias empresariais.

Quais são, portanto, os conceitos e as estruturas modelares sobre as quais pautou-se a CBV para conseguir o seu intento estratégico mais preciso?

Conforme nossas análises revelaram, há seis conceitos essenciais e três pilares de estrutura, como veremos a seguir.

Os conceitos são os seguintes:

Primeiro conceito: Para ser bem-sucedido, é preciso planejar o futuro e desenhar o conjunto de objetivos e metas que se tem em mente.

Segundo conceito: Para alcançar os resultados, é preciso comunicá-los da forma mais transparente possível, de maneira clara e de modo contínuo. A comunicação deve repetir-se tantas vezes quantas forem necessárias, pelos mesmos agentes e canais de comunicação, para que se difunda com homogeneidade a mensagem estratégica que deve ser assimilada e reassimilada por todos quantos compartilham da responsabilidade de fazer e de alcançar uma visão.

Terceiro conceito: Uma vitória, ou um resultado, seja de área, seja geral e por pouco tempo, não é atraente para os negócios nem gera credibilidade. Toda estratégia esportiva deve assentar-se em uma seqüência interminável de vitórias, uma após a outra, e com diferenciais qualitativos crescentes sobre as anteriores. Portanto, não se poderá aceitar a idéia comodista e reconfortante de que *já alcançamos o que tínhamos de conquistar*. Ao contrário, há sempre o que aperfeiçoar.

Quarto conceito: As empresas clientes, fornecedoras, de governo e filantrópicas serão cada vez mais exigentes consigo mesmas em um ambiente global competitivo e concorrido. Conseqüentemente, é preciso estar a par de suas mudanças e novas atitudes, para antecipar-se aos movimentos de reforma e estruturação em todas as áreas que constituem uma empresa. Somos uma empresa aprendiz, capacitada a transmitir o que aprendemos em troca de conhecimentos maiores. Isto é, somos a *learning & teaching organization* por excelência!

Quinto conceito: Vitórias contínuas equivalem a patrocínios contínuos. Então, devem ser estabelecidas, mantidas e desenvolvidas, na prática, todas as condições que dão suporte à geração de uma linha com o máximo de vitórias e resultados incontestáveis.

Sexto conceito: A atividade imediata e mais firme da CBV, na mais completa acepção do termo, deve ser investir, para dispor das condições ideais e dar suporte a atletas, treinadores, comissões técnicas e equipes de voleibol. Nada há de faltar ao atleta e aos seus treinadores, para que eles, com alegria, saúde e júbilo, possam dar o máximo de si. Investimento deve significar tecnologia de ponta, o que se traduz na aplicação prática do máximo conhecimento humano a todas as fases do ciclo de produção e de manutenção de pessoas envolvidas com o voleibol.

Estratégia Empresarial

Os pilares de estrutura são três:

Primeiro pilar: A estrutura presidencial, diretiva, de aconselhamento, gerencial, administrativa e operacional da CBV, ou simplesmente a macroestrutura organizacional, deve ser leve, flexível e enxuta, de tal forma que se criem elos imediatos entre a tomada de decisão diretiva e as necessidades práticas sinalizadas pelos treinadores e competidores em todos os campos do Brasil e do mundo.

Isto significa que a *cabeça* de comando da CBV deve ser pequena o suficiente para não pesar no orçamento da empresa, mas há de ser composta por colaboradores muito bem preparados, motivados e ágeis, que sabem ser proativos e conseguem antecipar qualquer sinalização, por menor e mais sutil que seja, dada pelos clientes internos da organização.

A base a ser atendida há de estar sempre satisfeita com as ações e as decisões do comando central, que utilizará a tecnologia de ponta dos processos diretivos e gerenciais em todas as suas instâncias de trabalho.

Mediante esta relação, a estrutura perde seu caráter mais formal e hierarquista, para oferecer, em pé de igualdade, a todos quantos participam do ato de construir e erigir o esporte, os ambientes igualitários, democráticos e de máxima participação interpessoal.

Ademais, é extinta a burocracia e não existem ranços de tramitações documentais inesgotáveis, assim como ocorre nas empresas de gestão tradicional.

A máquina corporativa deve ser enxuta e com a mínima quantidade de hierarquias, para que cada agente envolvido em um trabalho seja identificado claramente como responsável por ele. Isto acarretará cobranças justas e mensuráveis, que pressionarão a favor do trabalho bem-feito e avaliável por todos quantos sejam membros de um macroprocesso, processo, fluxo ou rotina de trabalho.

Segundo pilar: A estrutura precisa dispor de centros de excelência suficientemente independentes, para que possam operar com agilidade e presteza, contudo, integrados a um comando central e único, que libera os meios e provê as formas de se alcançar objetivos, resultados e metas.

Cada centro de excelência deve ser criado para atender a finalidades claras e específicas. A natureza dos objetivos a serem alcançados há de ser estudada, para que se determine exatamente quais são, quantos são, o que deve ser cumprido como meta, de que forma os centros devem relacionar-se interna e externamente, e qual deve ser a produtividade estratégica de cada um.

A esta configuração dá-se o nome de UEN — Unidade Estratégica de Negócio, expressão que vem do inglês *SBU — Strategic Business Unit*, e que responde por cinco características essenciais que um centro precisa atender:

a) Dispor de um macroobjetivo estratégico estabelecido e atendê-lo integralmente em tempo real;

b) Corresponder a um centro autônomo de negócios, que seja ágil nas decisões, relações, contratações e produções, de forma a assegurar a própria evolução com o máximo de eficácia e economia;

c) Alcançar a máxima autonomia financeira e econômica, de tal forma que a unidade seja líquida, rentável, alavancada financeiramente e capaz de estimular novos investimentos;

d) Ter a capacidade de ratear custos estruturais e administrativos, assumindo para si a parte que lhe cabe, em um critério no qual quanto mais usa, mais paga, proporcionalmente; e

e) Capacitar-se a produzir resultados, repassando atividades que não são centrais, e o cerne de sua capacitação estratégica, mediante terceirização.

As UENs da CBV são cinco e atendem pelas seguintes denominações:

⬥ UCN — Unidade das Competições Nacionais;
⬥ USE — Unidade das Seleções;
⬥ UVP — Unidade Vôlei de Praia;
⬥ UE — Unidade de Eventos; e
⬥ UVV — Unidade VivaVôlei.

Oportunamente, na seção dedicada ao seu estudo específico, cada unidade será descrita em relação às suas atribuições e ao papel de suas superintendências.

Terceiro pilar: Na macroestrutura, dispor de um mecanismo de decisão e de uma arquitetura que estimulem a descentralização das unidades dedicadas à ótica social do esporte. Enquanto a CBV preocupa-se, mediante suas UENs, em alcançar os maiores objetivos do voleibol de alto desempenho, as federações estaduais incentivam com independência a prática do esporte em suas regiões de influência e de abrangência, na modalidade amadora, profissional e de inserção social.

Isto significa, ao mesmo tempo, uma divisão de trabalho e de foco. Enquanto a CBV opera os objetivos internacionais e nacionais, assumindo a ótica ultracompetitiva que dá ressonância aos feitos dos melhores atletas, por meio das seleções nacionais e com o patrocínio de grandes empresas, as federações exercem o papel fundamental de assentar o vôlei em âmbito estadual e municipal. Cria-se assim uma liga fenomenal voltada à conquista de novos atletas, torcedores, praticantes de finais de semana e afins.

A estrutura da CBV maximiza o vôlei de alto desempenho. As federações maximizam o empenho do atleta, das famílias e das comunidades, em cada localidade, para a prática crescente do esporte.

Deste modo, as federações alimentam, com suas conquistas locais, estaduais, os clubes, os grêmios, as associações e o VivaVôlei, que vai se expandindo de tal forma que emite estímulos à formação da cidadania através do voleibol e à geração de novos talentos, que poderão fazer parte do jogo dos ultratalentosos, potenciais e efetivos novos campeões mundiais.

Como foco de conclusão deste assunto, é importante enfatizar que este desenho organizacional atende com amplo grau de satisfação à filosofia que a CBV decidiu definir como prioritária e essencial para si, tendo em vista alcançar o sucesso. De forma coloquial, este desenho chama-se *bate-pronto*.

Tal como no jogo de vôlei, toda a estrutura da CBV e das federações deve estar preparada para responder de imediato, a qualquer hora, a todo tipo de estímulo e de demanda que lhe seja feita, tanto ela corresponda a algo de *bom* ou a algo de *ruim*.

Ações e demandas internas e externas podem ser ou não previstas. Mas, assim como na quadra, uma cortada deve ser respondida com destemor. É o bate-pronto, para o qual a CBV está sempre preparada. Sua equipe prima pela capacidade de antecipar movimentos e desenvolvimentos gerenciais.

Não importa. O fundamental é ter sagacidade, temperamento e preparo, para responder a qualquer pedido de todo cliente, deixando-o encantado com o que recebe, e querendo receber em dose dupla e crescente, após confirmar o sucesso de seu empreendimento e da resposta da CBV.

Como fecho para esta seção, convém expor um pensamento adicionado a um exemplo prático.

O vôlei partiu de pouco, nos anos 60, quando era praticado de forma lúdica nas praias e nas quadras, para uma estrutura empresarial encorpada e de grande porte. Fruto de uma visão empresarial que se transpôs para o esporte, evoluiu porque houve gente suficiente para mobilizá-lo e torná-lo benquisto e popular aos olhos do grande público.

Muito embora houvessem, por parte de certas pessoas, inúmeras dúvidas, suspeições e preconceitos a respeito de sua atuação, o vôlei brasileiro soube superar todos os obstáculos que se interpuseram e conseguiu gerar seu sucesso atual.

No típico paradoxo que representam as atividades humanas, era comum, nos anos 60 e 70, ouvir das classes abastadas: 'Eu só pratico esporte de luxo, como equitação, iatismo e pólo'. Ou ainda: 'Esporte é para quem tem muito dinheiro, ou muito tempo e nenhum dinheiro'. Por sua vez, as classes menos favorecidas sempre viram no esporte uma forma de galgar posições na vida, de superar as barreiras da ascensão social e de, potencialmente, fazer fortuna.

Nos tempos modernos, está comprovado que esporte é mais que lazer, diversão ou bem-estar pessoal. Fazer e produzir esporte é gerar mais saúde, mais equilíbrio psicológico, físico, motor, e capacitar pessoas a ingressarem construtivamente em uma comunidade.

Então, decorre que existe um movimento cada vez mais conscientizado das vantagens e dos benefícios gerados pelo esporte. Cedeu-se, no lugar do preconceito, o espaço mais valorizado a todas as práticas esportivas. Enobreceu-se o esporte entre os brasileiros e todos atualmente vêem quem pratica alguma modalidade, como o exercício de uma atividade saudável.

Em 20 anos, o vôlei saltou, entre 1980 e 2000, do sexto para o segundo lugar no mapa das preferências de prática e assistência como espetáculo entre os brasileiros[5].

Da mesma forma, os esportes alternativos tiveram uma grande projeção nos meios de comunicação e se tornaram uma grande opção de diversão e investimento empresarial. Segundo a Confederação Brasileira de *Skate*, por exemplo, a pranchinha de madeira sobre rodas, que foi criada pelos surfistas da Califórnia em 1961, gerando o *skateboard* em 1965, contava, em 2002, com 2 milhões de praticantes brasileiros.

O que começou como improvisação, diversão e ambição mínima gerou e movimentou algo próximo a R$ 216 milhões em 2004, em materiais esportivos, uniformes, promoções e espetáculos, e campeonatos[6].

Neste contexto encaixa-se um conceito cartesiano, o 17° da quarta meditação: '...aprendi que devo evitar para não mais falhar, é o que devo fazer para chegar ao conhecimento da verdade. Pois certamente chegarei a tanto, se demorar suficientemente minha atenção sobre todas as coisas que conceber perfeitamente... E disto, doravante, cuidarei zelosamente[7].

5 – Fatores Que Explicam o Sucesso Empresarial do Voleibol Brasileiro

Haja vista o crescente, contínuo e completo sucesso do voleibol brasileiro, notadamente desde 1992, um ano referencial, crucial, em que ele amadureceu a ponto de gerar a primeira medalha olímpica de ouro em esportes coletivos, um assunto que intriga a todos que acompanham o esporte é como se explica tal sucesso.

Parece não haver limite para o sucesso, as glórias, e para o triunfo voleibolístico brasileiro. Suas vitórias são tantas e tão marcantes que se pode afirmar que, sem sobra de dúvidas, inexiste no planeta um rival sequer que possa aproximar-se da sombra de suas façanhas.

Campeão mundial e medalha de ouro em múltiplas modalidades olímpicas, o vôlei brasileiro criou e registrou um marco histórico único, que não tem nem terá, com facilidade, condições de ser repetido e igualado, a não ser por ele mesmo.

Existe um fosso entre o Brasil e seus potenciais competidores e concorrentes. E este fosso vem aumentando de tamanho, deixando cada vez mais distantes todos que dele querem se aproximar.

Em razão destes fatos, cresce e paira uma série de perguntas no ar. Entre elas, merecem destaque as seguintes:

Por que o Brasil é tão bem-sucedido no vôlei? O que o diferencia dos outros?

De onde vem todo este sucesso, estas vitórias em séries inesgotáveis, este triunfo incontestável?

O que o vôlei brasileiro conseguiu fazer que os outros não conseguem reproduzir?

Por que o sucesso prossegue de um dirigente para outro, de uma geração de esportistas para outra?

Até quando durarão estas glórias?

É possível reproduzir estas glórias em outros times, clubes, estados e países? É possível exportar a tecnologia do sucesso?

Nesta seção, procuraremos apresentar os fatores aparentes que explicam tal sucesso. As explicações para o sucesso do voleibol são pautadas fundamentalmente sobre três origens:

1) A compreensão e a interpretação do assunto, à luz de 76 entrevistas realizadas com especialistas em esporte, na qualidade de atletas, treinadores, dirigentes, empresários e analistas. Este critério atende a dar ouvidos a quem conhece o assunto, logo, representa o ato de escutar a quem de fato conhece, sabe, vive e convive com o esporte em tempo permanente. Esta metodologia quântica e de levantamento de opiniões é conhecida como *Método Delphi*, e a utilizamos como base de referência;

2) O debate sobre o assunto, em caráter interno na CBV — Confederação Brasileira de Voleibol, com seus analistas e dirigente; e

3) Nossas próprias análises e acompanhamento do esporte, que já datam de mais de 40 anos, permitindo uma amplitude histórica que traz consigo os essenciais elementos qualitativos.

Procuraremos mostrar as razões do sucesso mediante um elenco de elementos marcantes. Neste elenco, não há como afirmar qual seria o motivo mais importante ou relevante.

De fato, o que importa é que cada razão descrita a seguir tem a sua importância, mas o sucesso é um elemento integrado e composto pela combinação de todas as razões em conjunto. Cada uma tem sua relevância e pode ser mais ou menos destacada segundo as circunstâncias e o momento de cada esporte, em seu período específico no ciclo de vida.

5.1 Etimologia e Significado da Palavra Sucesso

O sucesso corresponde a um acontecimento, a um grande evento notável, a um feito. O sucesso é um sucedimento, logo, algo que sucedeu, aconteceu, e com resultado feliz.

É, portanto, um feito do qual os vencedores e aqueles que estão do lado dos vencedores (torcedores, patrocinadores) gostam, pois lhes faz bem. Muito bem.

Estratégia Empresarial

O sucesso pode ser entendido como um resultado vencedor, que gerou uma conclusão bem-aventurada aos que o promoveram e empreenderam.

Assim, pode-se assegurar que o voleibol brasileiro é sinônimo de sucesso, pois, de 1992 para cá, é gerador de feitos heróicos e históricos inéditos, que levam a uma sucessão única no mundo do sucesso. Nunca um país ganhou tantos campeonatos e prêmios quanto o Brasil na Liga Mundial de Voleibol, entre 1997 e 2005.

É bom frisar que a sucessão corresponde a uma série de fatos que se sucedem e que são usualmente ligados e associados entre si por uma relação de causalidade, de tal forma que eles se substituem ininterruptamente ou com diminutos intervalos de tempo.

Uma boa relação causal, neste caso, é do seguinte tipo: 'Porque existem recursos financeiros, pode-se comprar todo material esportivo necessário; porque este material está disponível e há ótimos treinadores, atraem-se ótimos voleibolistas, em potencial e efetivos; porque eles treinam em condições ideais e com entusiasmo, geram resultados espetaculares; e porque os resultados compensam, eles são patrocinados de novo pelas empresas, que investem e reinvestem cada vez mais, e assim existem recursos financeiros'.

Em tese, entende-se como sucesso uma combinação de eficiência e eficácia. Eficiência no planejamento, na organização e na operacionalidade. Eficácia é a quantificação dos resultados – são os resultados traduzidos em números.

5.2 As Precondições de Sucesso Foram Atendidas no Voleibol Brasileiro

O voleibol foi realizado no Brasil a partir de uma ótica empresarial. Assim, em seus primórdios, intuitivamente, e já nos anos 90, mediante um mapeamento profissionalizado, com o uso das ferramentas que atualmente se integram ao planejamento estratégico, foi estabelecido o quadro das precondições que devem ser atendidas, obrigatoriamente, para que o voleibol tenha grandes chances de ser bem-sucedido.

Atendidas as precondições, tudo se torna bem mais fácil. Contudo, inclui a identificação daqueles recursos que são primordiais para que se disponha de condições integradas de produção, com suprimento contínuo e gargalos inexistentes.

Então, um dos segredos deste sucesso é o atendimento irrestrito e completo das precondições de sucesso: sua revisão, e a capacidade de dar continuidade ao projeto, como resultado de uma visão de longo prazo.

5.2.1 Precondições de Sucesso

As precondições de sucesso na implantação do *business* esportivo voleibol contam com diversos elementos de capacitação, que tiveram de existir, aparecer, ser apreendidos e negociados, em um procedimento típico de negociação de espaços e de construção de equipes *(team building)*.

A natureza dos *elementos de capacitação* pode ser a mais variada possível. Sua inserção pode atender a ordenamentos que destacam a natureza empresarial, administrativa, de liderança, financeira, de marketing, de vendas, humana e afins.

As precondições foram verificadas ao mesmo tempo e com grande grau de intensidade e freqüência. Note-se que, isoladas ou em pequena quantidade, elas não caracterizam uma força estratégica, nem geram sucesso marcante ou permanente.

No caso do voleibol brasileiro, os elementos de capacitação foram implantados com grande esforço, intensidade e continuidade. Ao serem introduzidos em caráter permanente, e com elevada intensidade, criaram uma combinação de elementos que, juntos, alavancaram e promoveram o esporte às alturas da glória.

Serão citados os elementos que foram claramente identificados no voleibol do Brasil como tendo a característica de capacitar para o sucesso. Equivalem a alavancas, que permitem o salto de um desempenho normal ou regular para os resultados excepcionais, ímpares, como o de campeão mundial que o voleibol do Brasil alcançou.

Entre estes elementos de capacitação, que foram atendidos com grande índice de presença na CBV, no período de 1972 a 2004, em rara, feliz e bem instaurada seqüência de decisões adotadas pelos presidentes do período, destacam-se os seguintes elementos empresariais:

- Identificar um *business;*
- Delimitar a missão, as metas curtas e os objetivos longos do *business;*

Estratégia Empresarial

I◆ Dispor de dirigentes capazes, perfeccionistas e muito ousados;

I◆ Ter na organização mentes abertas, adaptáveis a bruscas mudanças e capacitadas a antever com acuidade elementos vitais do futuro;

I◆ Selecionar colaboradores de primeira qualidade na administração, que sejam proativos e tenham iniciativa própria;

I◆ Aceitar a liderança firme da presidência, associada a uma ação decisiva e rápida das equipes internas de trabalho;

I◆ Verificar e confirmar a sucessão de talentos empresariais na presidência, na direção, nas gerências e nas comissões técnicas, de sorte a dar continuidade às atividades com executivos competentes, sempre;

I◆ Assegurar e dispor da presença integral, em tempo de trabalho, dos colaboradores;

I◆ Aceitar o trabalho terceirizado e praticá-lo. Focalizar unicamente no epicentro do próprio negócio e repassar a terceiros as atividades que não forem centrais;

I◆ Ter capacidade de trazer para si pessoas de grande aptidão e talentos empresariais, administrativos, de relacionamento institucional, treinadores, jogadores e atletas;

I◆ Montar times campeões;

I◆ Criar um clima adequado para treinamento, gerando no ambiente uma motivação empolgante que, com equilíbrio emocional, transfira aos atletas a máxima vontade de vencer;

I◆ Consolidar equipes e atletas em conformidade com a mentalidade moderna, tendo a seriedade de um samurai, a simplicidade rude de um espartano e a espontaneidade do brasileiro;

I◆ Preocupar-se em efetivar a substituição de gerações de talentos;

I◆ Aceitar um modelo ganhe-ganhe no esporte, visto como negócio, e praticá-lo:

◆ A CBV deve ganhar para sustentar o todo, a estrutura, a dimensão organizacional e institucional, a imagem do esporte, os grandes campeonatos e os atletas;

◆ As federações devem ter liberdade de ação e capacidade de agir, em conformidade com as características locais;

◆ Internamente, os colaboradores devem agir com a máxima responsabilidade, com grande liberdade para tomar decisões, ser ágeis, rápidos, e obter os resultados exigidos pela presidência, o que significa aceitar, defender e implantar a descentralização administrativa e de poderes;

◆ As comissões técnicas devem ter plenas condições de trabalhar em liberdade, tomando decisões próprias, como na hora de convocar jogadores, formar equipes, avaliar a condição técnica de cada atleta e afins;

◆ As receitas institucionais devem favorecer a manutenção da CBV;

◆ Os resultados colhidos pelos atletas e treinadores, em função dos campeonatos, *grand prix*, shows e eventos de areia e afins, permitem uma exposição fenomenal na mídia. É importante que cada um ganhe e se exponha, pois as publicidades que fizer lhe renderão cachês e contratos que o motivarão sobremaneira;

▐◆ Dispor de tempo e não queimar etapas;

▐◆ Levantar dinheiro e evitar empréstimos. Conseguir, de fato, patrocínios de longo prazo, de preferência com vários mecenas (pelo menos cinco);

▐◆ Fazer bons contratos e acordos, com amparo legal, que beneficiem a contratante e o contratado;

▐◆ Assegurar a divulgação do esporte com apoio forte da mídia, e fazer um marketing amistoso na geração de imagem, que dê presença e destaque a cada atividade promovida pela entidade, e sobretudo às vitórias e feitos das equipes;

▐◆ Selecionar colaboradores íntegros, éticos, exemplares e supracapazes, dispostos ao sacrifício e talhados para controlar os resultados emotivos das vitórias — o que importa é a nova série de vitórias que há de vir;

▐◆ Oferecer condições ímpares de treinamento ao seleto grupo de voleibolistas que constituem as equipes de alto desempenho — aqui se insere a construção do maior centro mundial de treinamento do voleibol, o Aryzão;

▐◆ Capacitar-se para ter tudo organizado e planejado nos mínimos detalhes;

▐◆ Estar aberto e informado sobre todas as mudanças geradas pela tecnologia, adaptando-as proativamente às peculiaridades do voleibol; e

▐◆ Substituir a pressão da força hierárquica pela motivação por resultados em todos os estratos de relações entre os colaboradores.

Esta base corresponde a fazer o dever de casa inicial. Mas a seguir vem o mais difícil, que é praticar a obtenção combinada dos fatores de sucesso.

Estratégia Empresarial

O que explica o sucesso do voleibol do Brasil é que ele conseguiu este objetivo, ou seja, tornou real o ato de atender, em sua totalidade, todas as precondições de sucesso.

Mesmo que o ambiente tenha sido e seja inóspito, o que prevaleceu foi a visão empresarial, que conseguiu levar o vôlei ao mais alto púlpito do pódio, por sua capacidade de perceber o futuro e saber transmiti-lo aos colaboradores, para efetivamente realizar, através das pessoas, motivando-as a colher os frutos esperados.

A etapa seguinte explica o sucesso geral do voleibol e detalha as possíveis razões práticas, uma a uma. Tudo está classificado na seção a seguir.

5.3 Classificando as Razões de Sucesso do Voleibol do Brasil

Segundo nossos pensamentos e as evidências levantadas por meio de minuciosas entrevistas, o esplendor do voleibol é fruto de um longo, incansável e muito bem estabelecido trabalho, cumprido à risca.

A magnificência do voleibol brasileiro, seu brilho, sua superioridade, e seus feitos heróicos e estóicos são a conseqüência de um trabalho, de uma labuta que se travou em todos os níveis e instâncias possíveis e imagináveis referentes à iniciativa humana. A habilidade em antecipar necessidades, em atender às solicitações e em fazer acontecer (equipes, treinos, eventos e afins) ininterruptamente, com realimentação de fatores, para dar continuidade ao crescimento, é o segundo fator-chave do sucesso do voleibol brasileiro.

Há várias razões que permitem a classificação dos fatores do SUCESSO:

◧◆ Atenção e Satisfação das Precondições de Sucesso
- ◆ Capacidade empresarial;
- ◆ Capacidade administrativa;
- ◆ Capacidade de gerar relacionamento institucional;
- ◆ Capacidade de agregar, relacionar e motivar seres humanos;
- ◆ Disponibilidade de massa crítica de treinadores seniores;
- ◆ Histórico e tempo para maturação: adquirir senioridade;
- ◆ Conseguir recursos financeiros em forma de patrocínios;

◆ Conseguir apoio da mídia em forma de divulgação;

◆ Conseguir atrair e fidelizar um público amplo e jovem; e

◆ Identificar claramente a missão e os objetivos.

I◆ Razões Empresariais

◆ Empresários assumiram o vôlei e o desenvolveram exatamente como um negócio, o que exige profissionalismo, capacitação e excelência de todos que ajudam, na cadeia produtiva, a gerá-lo;

◆ O vôlei passou a ser tratado como um negócio de riscos e retornos. Ambos foram medidos e os padrões de desempenho estabelecidos;

◆ O vôlei tornou-se objeto de lucro, resultado financeiro e econômico, e base geradora de renda para aqueles que emprega. Portanto, ele criou oportunidades de negócios e uma sujeição, uma dependência sadia, pois aqueles que dele dependem, o praticam como forma de sobrevivência e evolução, logo, como meio de vida;

◆ A liderança do dirigente máximo do voleibol é carismática, exemplar, e talhada em uma vida de experiências sucessivas, sempre muito bem-sucedidas, o que fornece credibilidade e tranqüilidade na hora das decisões;

◆ Os colaboradores da CBV seguem fielmente, com espírito aberto e com motivação, as ordens e o comando de seu dirigente máximo;

◆ Os colaboradores acreditam no empreendimento.

I◆ Razões Operacionais

◆ Sabe-se como fazer/produzir vôlei em suas múltiplas modalidades e facetas;

◆ A cadeia de produção, a cadeia de suprimento (*supply chain*) e a cadeia de relacionamento com o cliente são completamente conhecidas e dominadas;

◆ As agendas, os cronogramas e as programações dos eventos são claros, muitos bem-elaborados, atraentes para todos (produtores, fornecedores, clientes, patrocinadores);

◆ Os calendários estão ajustados na medida certa, são bem dimensionados para o esporte, e independem de interesses e pressões políticas;

◆ A logística de todo evento profissional e de toda a programação comunitária é muito bem prevista, seguindo à risca preceitos empresariais.

Estratégia Empresarial

❘◆ Razões Administrativas

◆ É valorizada a figura do *manager* — empresário que é um misto de administrador com capacidades empresariais, e que aceita assumir responsabilidades e riscos;

◆ O sistema e o modelo de gestão foram adotados para compatibilizar-se com o ciclo anual do vôlei como esporte;

◆ A ação suplanta as malhas burocráticas, que não têm vez na estrutura gerencial do esporte;

◆ Utiliza-se a moderna tecnologia de gestão, que mantém as atividades simples, claras, sem complicações;

◆ O que é pedido tem resposta e solução na hora. Não se relega, nem se deixa para depois nenhum trabalho ou serviço, por menor que seja.

❘◆ Razões de Relacionamento Institucional

◆ Os dirigentes e a CBV sabem relacionar-se com todos os membros da cadeia de suprimento, produção e clientela/torcida, com reconhecida maestria, criando uma empatia e uma identificação crescentes com o esporte;

◆ Abre-se continuamente o leque de relações com os cidadãos, a classe política, as autoridades e os representantes de outros países, com vistas a dispor da mais ampla rede de relacionamentos, comunicações e capacidade de expansão;

◆ Comunicar-se, falar amigavelmente, saber dar um abraço afetuoso, para criar o melhor clima de relacionamento, é fundamental e é praticado 24 horas por dia;

◆ Assim como quem vai à CBV e às federações estaduais aderir ao vôlei de forma voluntária, é com um sorriso que a CBV inaugura todos os seus relacionamentos institucionais, que são voluntários.

❘◆ Razões com Seres Humanos

◆ Soube-se transmitir aos colaboradores o que se pretendia, ao ser identificado no voleibol um negócio rentável e um esporte socializante;

◆ Fez-se questão de compartilhar a missão do voleibol como esporte com todos que a ele se ligaram;

◆ No âmbito da presidência, soube-se compartilhar a visão do presidente, que 'é fazer do voleibol brasileiro um esporte campeão mundial e assumir a liderança da preferência, pela prática e pelos atos de ver e torcer';
◆ Soube-se atrair gente talentosa para o esporte, apesar da concorrência forte de outras modalidades;
◆ Transmitiu-se com satisfação os climas físicos, emocionais e psicológicos que o voleibol proporciona aos seus participantes, o que ampliou o número de praticantes;
◆ Capacitou-se o esporte para servir de profissão, o que gerou um verdadeiro plano de carreira informal na mente dos atletas, treinadores, técnicos, membros de comissão e gestores do esporte, que passaram a apreciá-lo como um meio de vida profissional, que dignifica e honra;
◆ Deram-se meios excepcionais de prática esportiva, com o empate de capital no valor e no nível do que fosse necessário, para maximizar a quantidade de voleibolistas de alto rendimento;
◆ Trabalhou-se a psique dos atletas com uma felicidade excepcional, para que florescessem em todos os talentos inatos e adquiridos, sempre em um clima de automotivação e motivação de equipes. O tom da naturalidade, da espontaneidade, da leveza, da alegria e da emoção autênticas, das sensações humanas irrefreadas levadas ao ápice pessoal no mais completo júbilo e na mais total empolgação, foi e é incentivado pelas equipes e comissões técnicas.

◆ Razões de Ensino e Treinamento

◆ Todas as pessoas, desde a ponta ativa de campo, até a retaguarda de apoio, recebem doses espetaculares de treinamento, educação e estímulo físico e intelectual. Valoriza-se o capital humano com educação continuada;
◆ Os esportistas chegam voluntariamente ao voleibol. Este ato, de chegar e praticar, são da pessoa, e a ela cabe administrar seu destino para com o esporte. Então, a instituição incentiva e prega a consciência responsável pela prática esportiva, combinada com a valorização de um comportamento ético, de boa e saudável moral, e com alegria de viver;

Estratégia Empresarial

◆ Os praticantes aprendem tantos valores que se tornam cidadãos da melhor categoria. Em seu desprendimento de jogar pela equipe, aprendem a jogar pela comunidade e pelo seu país;

◆ Investe-se na melhor infra-estrutura educacional e de treinamento do mundo, no Aryzão, o que gera diferenciais crescentes;

◆ Exigem-se aprimoramento e desempenho crescente por meio de mais ensino e treinamento. Há padrões de excelência a alcançar, e eles não podem ser negociados nem dispensados;

◆ Incentiva-se a educação, seja escolar, seja universitária, para dar ao cidadão uma continuidade na carreira e na ação construtiva do país;

◆ Fazem-se acordos internacionais, para aumentar o aprendizado no contato com todos os países, especialmente aqueles mais destacados neste esporte.

❙◆ Razões de Tempo e Etapas

◆ As grades de programação e os calendários dos jogos promulgados pela CBV são muito bem montados e divulgados. Levam em consideração a dosagem certa das competições e dos eventos entre equipes, assim como a capacidade dos jogadores para atuar e produzir;

◆ Os cronogramas de todo evento, campeonato ou show são divulgados com muita antecedência, o que permite que se atue de forma preparada e bem organizada;

◆ Com os cronogramas e as agendas bem conhecidas e divulgadas, as equipes técnicas se sentem e se vêem mais habilitadas a formar e treinar equipes capazes de atender aos objetivos propostos;

◆ As competições e os treinos nas federações e clubes mais evoluídos seguem um fluxo de etapas e ações calcadas em macroprocessos por áreas, exaustivamente debatidos e detalhados, o que dá segurança ao ato de fazer, sem oferecer espaço ao incerto ou ao improviso.

❙◆ Razões Econômico-Financeiras

◆ O vôlei chega relativamente barato ao seu público praticante e ao torcedor, logo, é atraente, pois custa pouco e não onera significativamente os orçamentos familiares;

◆ O vôlei pode ser praticado em quadra pública e com meios públicos e apoio empresarial, a custos baixos, o que alarga a base de praticantes, torcedores e analistas;

◆ Os custos de produção da atividade foram dominados e caíram a patamares conhecidos pelos gestores e patrocinadores, permitindo a realização de uma prática em que a relação investimento ou custo/benefício é clara e comprovada;

◆ Os patrocinadores souberam esperar e fizeram amadurecer seus projetos de investimento voleibolístico;

◆ Os projetos dão retorno aos investidores. Assim, eles estão motivados a investir, reinvestir e expandir o volume dos investimentos. O setor possui o ímpeto vital de manutenção e de expansão dos investimentos, o que lhe dá um dinamismo ímpar;

◆ Para o setor, o investimento básico é relativamente pequeno, seja por campeonato ou por evento. Então, o número de empresas e de empresários que se sentem habilitados a investir sem inibições no vôlei é alto e aumenta;

◆ O *Business-Voleibol* foi montado por empresários sumamente bem-sucedidos em suas atividades de origem, e com vasta experiência no setor empresarial. Eles trataram de assegurar, em moldes modernos e profissionais, a evolução e a vida da CBV e das confederações associadas. Abstiveram-se de ganhos econômicos-financeiros pessoais oriundos da instituição, salvo os relacionados à fama adquirida com o sucesso do esporte pelo qual lutaram tanto, incansavelmente. Foi certamente um projeto pessoal de alto risco para eles, mas em compensação criou a seu favor uma aura inédita de moralidade, de probidade, de imparcialidade e de seriedade. Como conseqüência, todos os colaboradores aceitaram de bom grado a liderança, compartilharam da visão da presidência, e *foram atrás* dos resultados estabelecidos;

◆ Prevalece o sistema de mérito na instituição voleibol: quem treina mais e tem mais talento gera resultados melhores. Por isso, deve, pode e haverá de ganhar cada vez mais. A instituição controla e retém verbas e patrocínios para assegurar a boa evolução do esporte voleibol e seu sistema de produção de campeonatos, ligas, torneios, *grand-prix*, eventos de arena e shows de demonstração. O que se passa fora das quadras, a menos que seja assunto de equipe, é

Estratégia Empresarial

tema de interesse pessoal, e o voleibolista está livre para assinar contratos e fazer fortuna.

⁍ Razões de Comunicação

◆ O voleibol soube e sabe comunicar seus valores supremos com enorme felicidade;

◆ O voleibol transmite claramente e com exatidão as noções de trabalho em grupo, saúde, juventude sadia, sabor de vitória, saber vencer, perder e seguir em frente em busca de novos desafios, disciplina, bom-mocismo, precisão, masculinidade e feminilidade, bom humor, e numerosos elementos afins;

◆ A mídia entendeu rápido que o voleibol reflete com imensa precisão os espíritos joviais, brincalhões e cooperativos dos brasileiros e das brasileiras. Então, passou a divulgá-lo mais e criou maior interesse por ele;

◆ O custo da mídia caiu, e os canais de transmissão se multiplicaram em quantidade e variedade, o que propiciou maior acesso ao conhecimento do esporte e aos seus eventos;

◆ A aura do voleibol, com sua energia positiva e grupal, propicia fantásticas relações com produtos, serviços e atividades empresariais. Como inúmeros patrocinadores se identificaram com o voleibol, a mídia também decidiu investir nele, tornando-se uma associada do sucesso geral, compartilhado por muitos membros do empreendimento.

⁍ Razões de Cliente e Público

◆ O público em geral identificou o voleibol como uma atividade esportiva saudável, construtora de laços fortes de amizade, geradora de ligações emocionais, ofertante de novas oportunidades profissionais pacíficas. Em decorrência, o número de praticantes e de torcedores disparou de forma arrebatadora nos últimos 40 anos;

◆ Os atletas identificaram no voleibol a graça, a leveza e a facilidade da prática de um jogo sem maiores riscos. Logo, o abraçaram com alegria e jovialidade;

◆ Os torcedores identificaram adrenalina pura no voleibol, pois, nele, ou se ganha, ou se perde, e sempre se fazem pontos. Este superdinamismo anima. Não há como ficar em cima do muro no voleibol.

❖ Razões de Estratégia

◆ O esporte otimiza a presença de produtos e serviços no mercado, pois transfere uma imagem e valores que os compradores e clientes apreciam. Esse fator gera associações de marketing de alto valor comercial, que aumentam as vendas e geram resultados financeiros fenomenais;

◆ Associar a imagem de produtos e serviços ao voleibol é sucesso na certa, um ás na manga, garantia de vendas e muito mais lucros. Para conquistar espaços mercadológicos, o voleibol se presta como uma ferramenta estratégica para o aumento da taxa de participação no mercado, o que também se traduz em lucros;

◆ O voleibol é um sucesso brasileiro de longo prazo. Combina perfeitamente com investimentos que têm características de longo prazo.

❖ Razões de Oportunidade e Emprego

◆ O voleibol, no seu caminho progressista para o sucesso, envolveu e absorveu cada vez mais pessoas, empregando-as. Neste mundo e neste Brasil que não criam numerosas oportunidades de emprego, o voleibol age contra a maré e emprega cada vez mais;

◆ O emprego gerado pelo voleibol é múltiplo e age sobre toda a cadeia do *agribusiness*, da indústria e do comércio. Tem um caráter fomentado pela comunidade e também pelas autoridades;

◆ Os esportes geram renda à camada mais baixa da população. Eles não discriminam pobres ou ricos, e a todos absorvem com o mesmo respeito. Mas, infelizmente, nem todas as autoridades se sensibilizaram com este fato, preferindo arrecadar, em curto prazo, impostos parcos, em vez de criar incentivos fiscais, aumentar os investimentos e arrecadar muito mais em longo prazo.

❖ Razões Sociais e Comunitárias

◆ O voleibol oferece uma ocupação sadia. Pais e mães querem ver os filhos exercitando-se com atividades sadias, que os insiram na sociedade com respeitabilidade e que evitem a ociosidade nas ruas;

◆ O esporte assegura mais do que uma ocupação. Dá atenção ao que é salutar, inibindo as transgressões e reduzindo o desvio para os caminhos do mal, repletos de drogas, assaltos e ociosidade improdutiva;

Estratégia Empresarial

◆ O voleibol, por meio do VivaVôlei, atraiu ricos e pobres, sem discriminar. Logo, é uma atividade de massas, socialmente integradora.

❙◆ Razões de Estado

◆ O Estado, por meio de seus representantes e das autoridades constituídas, identificou no voleibol um conjunto de valores ótimos, importantes e dignificantes para a sociedade brasileira. Então, decidiu apoiá-lo e disseminá-lo;

◆ O Estado percebeu que este esporte desenvolve o espírito de cooperação e a clara delimitação de territórios. Existem adversários por partida, e não inimigos, o que mostra um caráter altamente construtivo nos tempos hipercompetitivos que correm;

◆ As estruturas e os espaços públicos podem ser facilmente dispostos, a custos relativamente baixos, para a prática deste esporte. Por isso, o Estado decidiu divulgá-lo como mais uma forma de ocupar numerosa parcela da população.

❙◆ Razões Pessoais

◆ Os jovens, as mulheres e os praticantes gostam da parte física do voleibol e do prazer psicológico que ele gera. O voleibol é um produtor de bem-estar pessoal, interpessoal, grupal, comunitário e social;

◆ O voleibol é um programa de família. A família pode tomar posse dele, pode praticá-lo, assisti-lo, analisá-lo e conviver em seu meio;

◆ O voleibol desenvolve o critério das escolhas pessoais, definindo as preferências e dando-lhes prioridade e ordem. É um esporte bem-sucedido porque convenceu e convence de forma crescente mais e mais brasileiros a praticá-lo e a encontrar nele um modo de vida, um estilo de vida, uma ocupação sadia, um *hobby*, um passatempo, um elemento educacional, uma atividade física e uma diversão que se renova;

◆ O voleibol é excelente para promover o controle da ansiedade, de tal sorte que positiva e maximiza o uso dos hormônios do estresse;

◆ Pela sua prática constante, o voleibol otimiza o armazenamento de lembranças agradáveis. Como decorrência, dá espaço à propagação da memória com ação instantânea, para deslanchar atitudes vitoriosas;

◆ Ao lidar com a vertente social e de comunicação contínua do indivíduos, que se falam nos treinos e jogos, o voleibol eleva o uso da consciência e da subconsciência social dos seus praticantes;

◆ O ambiente sadio do voleibol gera nos indivíduos as melhores ligações e sustentações neurais. Desta forma, após treinamentos, jogos e relações divertidas, a distenção e o relaxamento são facilitados, o que gera ótimas condições e noites de sono.

◆ Ao liberar toxinas do corpo e acolher um espírito relaxado, o atleta de voleibol dorme muito melhor e recupera-se mais adequadamente para o dia seguinte. E durante o seu sono, reconstrói rotas, jogos, lances e relações, de tal forma que ao enfrentar em seu subconsciente problemas e desafios, busca as melhores soluções e, no dia seguinte, seu desempenho é muito mais preciso.

Razões Jurídicas e Legais

◆ Soube-se fazer contratos e acordos corretos, que atendem tanto aos contratados quanto aos contratantes;

◆ Atuou-se dentro da lei, com plena integridade, o que gera moral e respeita os bons costumes;

◆ Abriu-se a contabilidade da confederação, o que significa que firmas de auditoria puderam ter acesso e verificaram as contas da administração, dando orientações e aprovando os gastos e seu direcionamento.

Razões Internacionais

◆ Por motivação própria, os empresários brasileiros fizeram suas escolhas e deram prioridade ao vôlei e ao futebol. Em vários países, as escolhas e preferências recaíram sobre outros esportes, como o basquete, o rúgbi, o beisebol e o golfe;

◆ O Brasil identificou bem os pontos fortes e fracos dos seus concorrentes de vôlei, como a Itália, os Estados Unidos, o Japão, e soube trabalhá-los a seu favor;

◆ Os times brasileiros viajam continuamente ao exterior, para interagir com as melhores equipes concorrentes do mundo;

◆ Muitos jogadores de primeira qualidade emigraram do Brasil e foram jogar e treinar nos mais ricos centros e clubes do mundo. Isto se deve sobretu-

Estratégia Empresarial

do aos atrativos de renda e premiação no exterior, mais elevados que no Brasil; e à avidez dos mercados internacionais por craques-estrelas que façam eventos memoráveis.

Em forma de conclusão desta seção, em função de todos os fatores e fatos anteriormente postos em ordem, pode-se entender que o triunfo do voleibol brasileiro veio porque se investiu enormemente nele. Ele é o fruto de décadas de trabalho árduo.

Trata-se do trabalho de uma enorme equipe de homens e mulheres que, em quatro décadas, mostraram ao mundo que, quando se tem uma visão, um mote, um objetivo macro, e se é destemido, pode-se fazer, até no ambiente mais inóspito, algo novo, um novo paraíso.

Através do voleibol, o Brasil soube estabelecer um novo paraíso no deserto. Criou um oásis que mostra fertilidade e que irradia bem-estar crescente ao seu redor.

Mas, é preciso enfatizar, este triunfo não veio gratuitamente. Passar pelo Arco do Triunfo, receber os lauréis da vitória, ouvir o povo bradar um novo *Roma Victor*, tal e qual no Império Romano, sob os aplausos de César, o que ocorreu em 1992 e 2005 para reconhecer os grandes serviços prestados ao país, à humanidade e ao esporte, foi o ato supremo de ter feito direito o dever de casa.

Correspondeu também ao fato de saber aprender com humildade, de ter resistência e obstinação. E de saber esperar, pois resultados não aparecem por geração espontânea e instantânea.

Equivaleu a cada um provar a si mesmo do que é capaz. De estabelecer as etapas e galgá-las uma a uma. De criar a pátina que só o tempo sabe fazer.

E com esta calma, com esta obstinação, com este comedimento, o voleibol se faz e certamente se fará merecedor de fama crescente. Com fama, alcança-se a celebridade, e todo o mundo passa a reconhecer os infinitos lados positivos do voleibol.

A superioridade brasileira no voleibol revelou-se incontestável. Então é justo que aconteça a honraria, a homenagem, o reconhecimento.

Dar alegria ao povo, oferecer-lhe satisfação, é também lhe dar segurança. Esta realização tem o valor de proporcionar maior bem-estar e mais elevada qualidade de vida a todos.

No voleibol, o Brasil provou ao mundo que *do básico, do trivial*, aprendeu a jogar e desenvolveu o *dream-team* do mundo.

E mais do que isso: o Brasil não tem um *dream-team*. Tem vários, e eles são masculinos e femininos ao mesmo tempo, o que é único na história do mundo, em um esporte tão popular e disseminado no planeta.

E ainda mais: a tecnologia do sucesso do empreendimento é nossa!

É o Brasil que sabe jogar e fazer jogar. Logo, esta tecnologia pode ser transferível, e assim todo o mundo ganha.

A transferência está longe do simples, pois envolve um supertime de especialistas: estrategistas, dirigentes, analistas de mercado, promotores de marketing, especialistas em comunicação, e o grupo operacional de ouro que vai ensinar nas quadras, como os treinadores e jogadores.

Enfim, sucesso é saber ver, ter, viver e manter vitórias. E com elas sagrar-se e consagrar-se campeão às claras. É sentir-se vencedor, vendo o povo em reverência, com aclamações ruidosas, cheias de palmas, de papéis picados jogados dos prédios altos das avenidas centrais das megalópoles, e que fazem chover no rosto.

Receber a ovação unânime do povo é uma consagração rara que comprova um apogeu. E o vôlei do Brasil conquistou o coração, a mente e a voz do Brasil e do mundo, com suas campanhas inigualáveis de 1997 a 2005.

Em meio a buzinaços, caminhões e carros do Corpo de Bombeiros, da polícia, pelas ruas e avenidas coalhadas de gente de todas as idades, credo, raça, cor e poder aquisitivo, ouviu-se um ressoar que tomou conta de todo o país, logo após a volta dos nossos voleibolistas das olímpiadas de Atenas. Era a voz excitada e satisfeita do povo em êxtase, gritando: é campeão!

É campeão!

É É É

CAAAMPEEEÃÃÃOOOO!

6 – Organizações Essenciais ao Esporte

A CBV possui um relacionamento amplo, diversificado e numeroso com o universo empresarial brasileiro e internacional.

Todas as empresas são igualmente bem tratadas e vistas como efetivas ou potenciais parceiras da promoção de atividades esportivas. Da mesma forma, todas as empresas são consideradas igualmente importantes, pois fazem parte do mesmo mecanismo e da mesma engrenagem que faz a produção acontecer, e com isto o emprego, a renda, a capacidade de dar sustentação às famílias e bem-estar à humanidade.

Por meio das empresas, a CBV procura alcançar os padrões máximos de provimento e de atendimento de bens e serviços que possam elevar o esporte ao digno estrato das atividades humanas reconhecidas como de alto e crescente valor, em função da satisfação e das alegrias que ele rende.

As empresas são classificadas em seis grupos distintos, que recebem tratamento, relacionamento e respeito iguais, todavia pertencendo a áreas distintas e com objetivos diferenciados.

Esta classificação reporta-se ao método porteriano[8] de classificação das relações de uma indústria, com um toque de brasilidade:

1) **Clientes** — São todas aquelas pessoas, empresas, entidades e órgãos que solicitam e consomem bens e serviços da organização. No caso da CBV, são seus clientes, entre outros: os praticantes do esporte, os torcedores, os jovens que merecem reinserção social, as comissões técnicas e os treinadores, os promotores esportivos, os patrocinadores, os contratantes de eventos e equipes para campeonatos; os clubes e afins;

2) **Fornecedores** — São todas as pessoas físicas e jurídicas que, gratuitamente ou em regime de remuneração profissional, oferecem seus bens e serviços para o ato de se produzir eventos esportivos. No caso da CBV, são fornecedores catalogados como pessoas físicas os profissionais liberais e os microempresários ligados ao esporte, os professores de vôlei, treinadores, médicos e afins; e são fornecedores definidos como

pessoa jurídica as empresas que permitem que o esporte seja praticado, sejam elas produtoras de redes e bolas, sejam produtoras de infra-estrutura, alimentos, vestuário, medicamentos ou meios de transporte. A relação de fornecedores é inesgotável e confunde-se, integra-se com a própria malha de setores e empresas da economia de um país. Pode-se afirmar que os esportes utilizam e se relacionam com praticamente todos os setores e fornecedores de um país;

3) **Governo** — A CBV exerce suas atividades em completa independência das atividades promovidas e exercidas pelo governo, interpretado como a autoridade instituída em seus poderes executivo, legislativo e judiciário. E vê nos representantes do governo, personificados em entidades como o Ministério dos Esportes, o Conselho Nacional dos Esportes, e afins, parceiros que podem contribuir construtivamente para os esportes com a adoção de políticas públicas esportivas que recebam o suporte generoso do erário público. O governo é importante, na medida em que pode fixar e emitir diretrizes e recursos estratégicos para sedimentar o progresso esportivo nacional, atuando em amplitude macro e usando seu suporte magno por toda a ampla extensão do país e, por meio de suas representações diplomáticas, pelo mundo;

4) **Bancos** — Correspondem a uma tipologia peculiar de organização, pois, como intermediários financeiros, captam e aplicam recursos da comunidade. São uma fonte preciosa de obtenção de capitais, que pode permitir, em condições de juros baixos e atraentes, o investimento em longo prazo na atividade esportiva;

5) **Entidades não-governamentais, comunitárias** — São as ONGs, empresas que, em princípio, manifestam atuar sem fins lucrativos, a favor direto das comunidades nas quais atuam. Sumamente relevantes, de estrutura pouco custosa e com foco social, pretendem estimular as comunidades com os bens e serviços que lhes prestam. Ao não cobrar pelos serviços que geram, são promotoras do progresso a custo baixo, o que é muito importante em países que apresentam má ou péssima distribuição de renda; e

6) **Organizações, entidades e empresas internacionais** — São as identificadas nos cinco itens anteriores, contudo, atuantes no exterior.

Conforme cada caso e grau de inserção, estas seis categorias são introduzidas e identificadas nos diagramas internos de trabalho de cada UEN da CBV.

Desta forma, como se verá em cada UEN, os gestores e colaboradores da CBV têm uma relação mais clara e rápida com seus principais e verdadeiros clientes, fornecedores, representantes de governo, banqueiros e ONGs.

Como princípio de atuação com estas entidades, em resumo, a CBV utiliza as seguintes palavras-chaves:

Clientes — Compreendê-los, encantá-los, promovê-los, comunicar-se continuamente com eles, otimizar toda a cadeia de atendimento e de relacionamento com eles;

Fornecedores — Mostrar-lhes as exatas demandas, exigências e padrões de qualidade, para ser 100% atendido, inseri-los na cadeia de suprimento, comparar sua evolução e desenvolvimento para confirmar se acompanham o ritmo de evolução e exigência por produtos e serviços da CBV;

Governo — Atuar em sintonia com o governo, a favor da majoração integral do bem-estar e da saúde da população;

Bancos — Encontrar o equilíbrio entre as metas de captação e a aplicação de recursos, para assegurar o fluxo de recursos e a liquidez confortável;

ONGs — Atuar com toda entidade que queira promover o esporte de forma saudável, para favorecer a comunidade na qual atua.

Em todo o território nacional, a CBV vê em todas as pessoas e empresas autênticos parceiros capazes de colaborar construtivamente, com seus anseios e interesses, para o crescimento do voleibol como um esporte talhado para ser exercido e praticado por toda a população e ser gerador de renda a quem se comprometa a assegurar sua qualidade.

Nobre, espontâneo, formador de postura física, fomentador de ótimo equilíbrio mental, espiritual e corporal, o vôlei oferece a melhor opção de empreendimento ao associar-se a valores universais que são da mais alta importância para os povos.

Por estas razões,o vôlei incorpora valores sumamente relevantes para as empresas que o apóiam e abraçam, colaborando assim com o progresso e o desenvolvimento do Brasil.

É importante destacar o aspecto democrático do esporte na sua relação com o universo empresarial. Ele admite a participação de todas as empresas em seus projetos. Não importa o tamanho, nem o setor produtivo ao qual pertençam, nem seu porte e vigor econômico. O esporte não discrimina empresas, pelo contrário, recebe de braços abertos todos que desejarem fazer parte do ambiente construtivo e construtor do esporte.

Erigir, montar e estabelecer bem uma indústria esportiva é saber lidar com empresas e agregá-las. É ter condições de oferecer a todas as organizações interessadas condições atraentes de produção, de geração de empregos, de circulação de riquezas, de envolvimento em novos projetos, sempre desafiadores, e de atuar com ética em clima participativo.

E se existe uma modalidade esportiva que alcançou maturidade em seu profissionalismo, em sua ética, em sua capacidade de elaborar projetos ganhe-ganhe, no qual todos os parceiros entram e saem satisfeitos, vencendo e fazendo lucros, é o vôlei do Brasil do terceiro milênio.

A CBV ingressa neste universo empresarial como uma entidade que há de promover o esporte e vê-lo crescer e desenvolver-se até a inexistente exaustão da capacidade e do talento humano. Promotora de novos negócios, incentivadora da evolução do esporte, cabe-lhe magnificar a participação de todos, com firmeza, serenidade e justiça salomônica.

O que e quanto cada empresa parceira quer conquistar, e qual o montante, é um assunto afeito aos interesses, ambições, agressividade e competitividade de cada uma.

Ao fazer parte de um mesmo projeto, contudo, estas empresas agem como uma equipe e são os membros de um mesmo time. Nessa situação, o vôlei promove um ambiente empresarial de *team-building*, algo inédito, posto que os encadeamentos participativos entre as empresas hão de ser afinados, para que todos, compartilhando da mesma meta, alcancem em conjunto o melhor dos resultados.

E, certamente, um dos resultados mais visados pelas empresas é a vitória das equipes de alta performance nas quadras. Vencer ou vencer é o mote. E a ele se junta a impressão de que se as arrasadoras e completas vitórias já viraram rotina, vencer não é mais suficiente. É preciso vencer com margens crescentes, com muito mais pontos, com a verificação de espontânea alegria no rosto de cada consumidor, torcedor e, logo, do cliente, que avidamente consome o vôlei.

Para as empresas, o vôlei é bem produzido quando os indicadores de envolvimento popular sobem, o que se comprova com pesquisas de opinião pública.

Em âmbito internacional, a CBV promove as melhores e mais amplas relações possíveis, para congraçar e participar dos eventos, dos encontros e das decisões que podem engrandecer o esporte, a favor da humanidade e do Brasil.

Estratégia Empresarial

Isto significa que, frente a entidades de ordem maior, entre as quais destacam-se, para citar emblematicamente apenas cinco, a ONU — Organização das Nações Unidas, a Unesco — Organização das Nações Unidas para a Educação, a Ciência e a Cultura, a FIVB — Fédération Internationale de Voleibol, o COI — Comitê Olímpico Internacional, e a Det Norske Veritas, que emite o Certificado de Sistema de Qualidade, a CBV possui participação e visibilidade internacionais ímpares e sem precedentes em sua história mundial.

A CBV, ao alcançar os mais altos padrões que se pode atingir no vôlei, recebeu diplomas e certificados que a reconhecem como entidade única, superbem-sucedida no plano mundial do esporte, conforme comprovam os dois documentos mostrados nas páginas seguintes: NBR ISO 9001: 2000 e Unesco.

Acrescentam-se a esta relação as federações continentais e também as nacionais de vôlei, sendo que estas se multiplicaram na razão direta da criação de novas nações, após o colapso da União Soviética e a queda do Muro de Berlim, em 1991, correspondendo a 177 instituições ativas em todo o mundo, em 2003.

Vale frisar que o esporte mobiliza a política. E os políticos atuantes em países democráticos e democratizados, como dignos representantes de seus povos, gostam de se mesclar às torcidas e ver espetáculos esportivos marcantes. Neste particular, o esporte promove o encontro dos dirigentes esportivos com os presidentes das nações, os ministros de Estado, os secretários federais, estaduais, municipais, provinciais e distritais.

E esta numerosa relação, que pode azeitar e melhorar as relações, para que os dirigentes entendam melhor os anseios dos povos e atendam às suas necessidades, se faz de forma prazerosa por meio do esporte.

Decorre que o esporte oferece *status*, alto nível, e sensação de poder aos dirigentes, empresários, treinadores, atletas e membros de equipes que atuam no suporte e na operacionalização, além de pessoas que o promovem e que estão envolvidas com ele.

Por meio do esporte alcança-se o portal da relação política mais elevada que se pode oferecer a um ser humano. Então, manter em bons termos e bem *quente* esta relação, é papel institucional da presidência da CBV, o que a beneficia, assim como abre novos espaços a todos que atuam com ela no mundo esportivo.

Organizações Essenciais ao Esporte

OCS - 0010

DET NORSKE VERITAS
CERTIFICADO DE SISTEMA DA QUALIDADE

Certificado N° 2217-2003-AQ-SPA-INMETRO

A DET NORSKE VERITAS CERTIFICADORA LTDA. certifica que o Sistema da Qualidade da organização

CONFEDERAÇÃO BRASILEIRA DE VOLEIBOL

em

Rua Uruguaiana, 174 - 3° andar - Centro
Rio de Janeiro, RJ - CEP 20050-092 - Brasil
Prof. Eurico Rabelo, s/ n° - Portão 20 - Maracanã
Rio de Janeiro, RJ - Brasil

está em conformidade com os requisitos da Norma

NBR ISO 9001:2000

para o seguinte escopo de produtos e serviços:

**GESTÃO DOS PROCESSOS DE REALIZAÇÃO DOS PRODUTOS:
EVENTOS, VIVA VÔLEI, SELEÇÕES, COMPETIÇÕES NACIONAIS E VOLEIBOL DE PRAIA.**

Local e data de emissão: São Paulo, 2003-07-18	Este Certificado é válido até: 2006-07-04
Pelo Organismo Credenciado: DET NORSKE VERITAS CERTIFICADORA LTDA. BRASIL Maurício Venturin Gerente de Certificação	Data da Certificação original: 2003-07-04 A conformidade com a Norma para o escopo indicado foi verificada pelo Auditor Líder *ANTONIO CARLOS GELIO* registrado pela DNV

A não observância das condições estabelecidas no Apêndice pode tornar este Certificado inválido

DET NORSKE VERITAS - Rua Sete de Setembro, 111 - 12°/14° andares - Rio de Janeiro, RJ - Brasil - CEP 20050-006

Estratégia Empresarial

Organisation des Nations Unies pour l'Éducation, la Science et la Culture
United Nations Educational, Scientific and Cultural Organization
Organização das Nações Unidas para a Educação, a Ciência e a Cultura

Representação no Brasil
SAS Quadra 5 Bloco H Lote 6
Ed. CNPq/IBICT/UNESCO - 9° andar
CEP: 70.070-914 - Brasília /DF - Brasil
Telefone: (5561) 321-3525
FAX (5561) 322-4261

BRA/REP/2003 – 1391

Brasília, 02 de junho de 2003

Prezados Senhores,

É com satisfação que me refiro ao Projeto *VivaVôlei*, da *Confederação Brasileira de Voleibol*, pois se trata de iniciativa exemplar, uma vez que permite, educar e socializar crianças e jovens pertencentes a comunidades carentes, através do acesso e do incentivo a prática deste esporte coletivo, bem como, ao lazer, a formação e o desenvolvimento físico e mental. Promove a inserção social deste público formando novas gerações de atletas e cidadãos, desenvolvendo a consciência comunitária e ampliando o sentimento de pertencimento, além dos benefícios para uma vida mais saudável, disciplinada e prazerosa.

Considerando o mérito do projeto na promoção de ações de grande relevância e consideração dentro do mandato de atuação da UNESCO, este Escritório confere a chancela da organização e o seu apoio institucional a este Projeto.

Tendo em vista o objetivo do projeto e da proposta apresentada, solicito a gentileza de manter-nos informados acerca das atividades desenvolvidas e objetivos alcançados, assim como de enviar-nos todas as eventuais publicações e/ou materiais de divulgação que mencionem o apoio da UNESCO.

Cordialmente,

Jorge Werthein
Representante da UNESCO no Brasil

Ilmo. Sr. Ary da Silva Graça Filho
Presidente da Confederação Brasileira de Voleibol
Rua Uruguaiana, 174/ 3°andar - Centro
20050-092 - Rio de Janeiro - RJ

7 – Participação das Empresas Que Ajudam a Fazer o Voleibol no Brasil

É bastante comum ao público acreditar que o esporte é movido por atletas, comissões técnicas, treinadores e uma pequena equipe de suporte nos ginásios e campos.

A imagem dos atletas que entram em campo com seus vistosos uniformes, seus belos tênis, suas bolas saltitantes, para ficar dos dois lados da rede e dar início a um jogo excitante, seja amador, seja profissional, é apenas parcialmente reveladora do que acontece no mundo mágico do esporte realizado pela sua indústria.

O que está por trás destes atletas? Qual é a estrutura que move montanhas? Como se embute o mundo empresarial nesta jogada das bolas, dos saltos e das atuações atléticas? É verdadeiramente importante o papel das indústrias e dos empresários no esporte ou se trata de mais uma invencionice?

Quando se pensa na atuação de empresas no esporte, em particular no voleibol, é assaz comum surgirem estes questionamentos. E eles fazem bastante sentido, já que o esporte passou a ser analisado com maior seriedade e técnica apenas recentemente, em meados dos anos 70. Portanto, trata-se de uma área relativamente nova, crescente e misteriosa para todos aqueles que nela ingressam e que pretendem compreendê-la de forma coerente, metódica e séria.

Para responder às perguntas anteriores e facilitar a compreensão do leitor, vamos procurar explicar com exemplos reais e práticos. A vantagem deste *approach* é que, de imediato, será possível sensibilizar-se com os elos que existem entre o esporte e o mundo empresarial. E daí decorrem tantas relações quantas o leitor desejar estipular, porque a oferta ao esporte é dada pela capacidade criativa e de mobilização do empresário.

Um *approach* apreciado por economistas seria montar uma *matriz de relações industriais*, ou *matriz de Leontieff*. Além de complexa, é muito dispendiosa e demora para ser montada. Quando fica completa após talvez um qüinqüênio de pesquisas, seus coeficientes, índices, indicadores e montantes já estarão defasados e passarão a oferecer uma pálida fotografia do que sucedeu no passado. A relação será tênue, envelhecida, e estará esmaecida para os dias que correm, perdendo sua vital acuidade e importância para a tomada de novas decisões.

Além disso, explicar o significado de uma *matriz de Leontieff*, e o conteúdo de suas relações, é garantia de brigas interpretativas nas quais, entre dois litigantes, ninguém sai vencedor, mas o tempo, indelével, passa.

Então, ilustremos as relações empresariais com exemplos. E vamos extrapolar, pensar empresarialmente.

'Os atletas entram em *campo* com seus vistosos *uniformes*, seus belos *tênis*, suas *bolas* saltitantes, para ficar dos dois lados da *rede*', conforme foi descrito anteriormente. Onde está o negócio?

Campo lembra infra-estrutura, local de jogo, aparato de sustentação para a realização de um evento. Portanto, para que ele exista, no mínimo foi preciso que arquitetos fizessem um plano do campo, do ginásio no qual ele está, que incluísse as plantas da construção, a parte hidráulica, elétrica e afins. A seguir, firmas de engenharia passaram à construção, o que por sua vez requisitou a compra, a aplicação e o empenho de material de construção e serviços de terraplanagem e correlatos. Sendo o campo de cimento, uma tinta delimita a área do jogo e ativa a indústria das tintas e polímeros. Sendo o campo coberto por tapetes polivinílicos, ou plásticos, ou emborrachados, mais algumas indústrias passam a ser ativadas pelo esporte.

Em geral, joga-se no *campo* de dia e de noite, portanto é preciso dispor de iluminação. Postes, luzes elétricas ou a gás ativam as indústrias de condutores, fiações à base de cobre, luminárias, metais e plásticos com que se fazem os postes. E, naturalmente, a produção de energia elétrica ou gás é promovida.

Passemos à segunda informação da frase. *Uniformes* são uma vestimenta, e isto remete logo à indústria de roupas. Significa que os atletas, ao usarem camisas, calças, shorts, meias, faixas de testa, toalhas e afins, são compradores e devem ser providos de artigos das indústrias têxteis e de confecções. E para que estas existam, em um efeito cadeia para trás, ou *backward-effect*, que o Banco Mundial tanto aprecia quando fornece créditos a países em vias de desenvolvimento, ou que precisam de recursos para sair do vicioso círculo da miséria, ativam-se as indústrias e áreas agrícolas provedoras de fios e fibras, sejam naturais ou sintéticos: nylon, poliéster, algodão, lã e outros.

Na seqüência, surgem na frase os *tênis*. Por sua natureza, eles logo remetem o pensamento à indústria de calçados. Para jogar, ter impulso, preservar os pés, é preciso contar com sapatos adaptados a cada modalidade, e nos últimos 30 anos esta é uma das indústrias que mais evoluíram no mundo. E calçados, por sua vez, podem ser elaborados por fios e fibras agrícolas ou sintéticos oriundos da indústria petroquímica ativada pela indústria de energia elétrica e dos transportes, entre muitas outras.

Com *bolas* e *redes*, há jogo. Sem elas, ele não se estabelece. E bolas e redes, para serem confeccionadas, podem requisitar fibras sintéticas, borrachas, colas, tinturas e afins. Novamente as indústrias são ativadas.

Conforme se pode notar, é marcante e significativa a influência do esporte na promoção das atividades produtivas de um país. E esta influência é tanto mais importante quanto maior é a população em número; quanto mais ela está consciente das vantagens da prática esportiva; quanto mais ela pratica esportes; quanto mais as autoridades governamentais incentivam a prática do esporte e fornecem subsídios para a sua prática; quanto mais as autoridades governamentais dão apoio, incentivos e subsídios aos produtores de artigos e serviços esportivos, para reduzir seus preços, gerando margens à indústria, que então investe e gera empregos, favorecendo principalmente a população.

As empresas têm adotado três estratégias para atuar no esporte:

a) Produzir espontaneamente, induzidas pela demanda evidente, sinalizada pelo público consumidor, o que caracteriza satisfatoriamente os produtores de bens e serviços tipicamente esportivos;

b) Produzir bens e serviços não afeitos ao esporte de forma clara e direta, contudo, pelos efeitos por ele gerados, promovê-lo por meio de patrocínios, apoio a programas socioesportivos e similares; e

c) Produzir e dar suporte ao esporte em toda área e segmento que se fizerem necessários, oportunos e atraentes, contanto que o Estado facilite a produção, mediante a liberação de recursos, incentivos, anistias e medidas que joguem a curva de custos para baixo.

No ano de 2003, segundo dados do IBGE, havia aproximadamente 180 milhões de brasileiros. Destes, segundo levantamentos do DataFolha, da *Folha de S. Paulo*, aproximadamente 27% praticam alguma forma de esporte (modalidade) e 58% torcem por um time e vêem programas esportivos na televisão.

No caso, portanto, dos 'esportistas que praticam duas vezes ou mais, por semana', chega-se a 48.600 mil brasileiros. E, se estes necessitam tão somente dos cinco estímulos anteriormente produzidos pela indústria, comprando uniformes, tênis e bolas uma vez ao ano que seja, isto já dá um número formidável de peças faturadas, pois seriam, em uma estimativa simples, 48.600 mil uniformes, 48.600 mil tênis e um bom milhão de bolas!

Sem falar na mobilização espetacular das torcidas, que com suas camisas coloridas invadem os estádios, bebem com alegria e comem enquanto os espetáculos evoluem. As indústrias de bebidas e de alimentos também são, entre tantas, beneficiárias da população que pratica esportes.

Segundo pesquisas de 2002, 2003 e 2004, do jornal *Folha de S. Paulo*, o vôlei já é, no Brasil, o segundo esporte mais praticado e mais querido. Nas regiões Norte e Nordeste, ele já seria o primeiro, especialmente no segmento de população feminina. A preferência estatística recai em 29% da população. Haveria um público praticante e torcedor de vôlei estimado em 52.200 mil brasileiros.

E esta população voleibolística é de todas as faixas de renda, gostando de concentrar-se sobretudo nas classes A, B, C, caso se considere um agrupamento por cinco classes em que os mais ricos (classe A) auferiram acima de R$ 2.200 por mês, em 2003, segundo o IBGE.

Para as empresas, estes dados já comprovam inequivocamente o tamanho e o potencial do mercado. Ele é efetivo, está à disposição de quem queira conquistá-lo e está em crescimento.

Melhor ainda, vale frisar, o vôlei ainda há de conquistar 71% dos brasileiros que têm preferência por outras modalidades esportivas. Portanto, mesmo detendo o segundo lugar no mapa das preferências esportivas nacionais, o melhor indicador de dinamismo do vôlei é que ele ainda há de conquistar o coração de 127.800 mil brasileiros, o que já está ocorrendo a passos céleres, desde 1970.

Este atual cabedal de realizações, tão portentoso, aliado ao potencial de conquista futura, fornece o *mix* ideal para quem, na qualidade de empresário, quer investir no esporte, na comunidade, além de lucrar, fazendo-se notar como um mecenas provedor de um progresso que favorece a todos os brasileiros.

8 – Fatores Que Explicam o Sucesso do Voleibol no Brasil na Visão dos Empresários

Os 37 empresários e as autoridades públicas que foram consultados diretamente por meio de entrevistas que somaram mais de 118 horas[9], com a finalidade de elucidar os prováveis fatores que explicam e justificam o sucesso do voleibol, possuem características comuns que sustentam sua visão e interpretação. Tais características podem ser assim enunciadas:

a) Todos, ou seja, 100% da amostra, atuam e participam do setor esportivo, em uma ou mais modalidades, na qualidade de produtores de bens ou serviços esportivos. Todos estão diretamente comprometidos com o setor, vivem dele e através dele, e a ele estão ligados comercial e economicamente;

b) Todos, ou seja, 100% da amostra, têm pelo menos 5 anos de experiência de atuação no e com o setor esportivo. Ressalte-se que no grupo 78% atuam há mais de 15 anos no esporte, o que lhes concede um *status* de senioridade e de respeitabilidade do mais elevado nível pelo profundo conhecimento da área;

c) Todos, ou seja, 100% da amostra, conhecem profundamente a realidade do voleibol, acompanhando-o e atuando nele de alguma forma. Na produção de bens ou serviços, na determinação de políticas e investimentos, na definição e utilização da legislação, nos patrocínios e correlatos;

d) Da amostra de 37 entrevistados, 28 deles, ou 76%, investem e aplicam recursos do setor privado no voleibol, sendo os restantes 9 entrevistados, ou 24%, representantes do setor público. Isto ajuda a mensurar e avaliar satisfatoriamente o grau de risco assumido por aqueles que em regime voluntário, e de bom grado, investem no voleibol. Todos os consultados confirmaram investimentos crescentes e confiança no retorno do investimento privado.

As razões para investir no vôlei, em longo prazo, podem ser divididas em três categorias fundamentais, e atendem à percepção empresarial fortalecida para o período de 1974 a 2004. Elas foram detectadas com base nas questões formuladas aos empresários, que podem ser apreciadas no livro *Estratégia Vitoriosa de Empresa Segundo Seus Personagens*. São elas as categorias de valor, formação de riqueza e retorno, e perspectivas dos investimentos.

Valor refere-se à qualidade pela qual uma pessoa ou um ser é estimado, em maior ou menor grau. Valor envolve mérito, merecimento intrínseco, e associa-se à importância que se atribui, à valia que se dá a um esporte, bem, serviço, elemento ou ente.

Formação de riqueza e retorno diz respeito à capacidade que uma atividade tem de ser econômica e financeiramente atraente. Trata-se de confirmar se ela gera vendas e lucros, e quanto, a ponto de manter o empresário atrelado à atividade, nela permanecendo por tempo indefinido.

Perspectivas dos investimentos correspondem a pensar no futuro e verificar se, dados os cenários atuais, com projeção para os dias que virão, pode-se aplicar ainda mais recursos no esporte. Caso este investimento seja verificado de modo crescente, pode-se afirmar que existe confiança no futuro do setor, logo, que suas perspectivas são *boas, alvissareiras.*

A seguir, descreveremos qual foi a reação dos empresários a estas categorias. Resumiremos com uma pergunta marcante, que exprime o teor do questionamento realizado, o assunto:

Quais são os valores que o vôlei transmite ao seu público-alvo?
Os levantamentos mostram que o voleibol transmite um numeroso e vasto conjunto de valores aos seus praticantes e simpatizantes. Destacar um valor e isolá-lo de um contexto integrado seria um equívoco, posto que os valores interagem e compõem uma sinergia que forma a própria imagem que o esporte transmite. Segundo a pesquisa realizada para levantar este item, as respostas e palavras-chaves mais importantes podem ser resumidas conforme segue.

O vôlei transmite e representa: ambição pela vitória, vitória, imagem vencedora, a questão do vencer, vontade de vencer, metas ambiciosas, desafio, vigor, tenacidade, determinação, motivação, capacidade de ter sucesso com nobreza, cidadania, relevância na formação do cidadão, patriotismo, responsabilidade social, participação, altivez, reforço da auto-estima, disciplina, responsabilidade, dedicação, trabalho árduo, profissionalismo, ética, credibilidade, respeito, admiração, franqueza, entrega de corpo e alma, empreendedorismo, importância na formação da personalidade da criança e do jovem, liderança, excelência, sacrifício de grupo, espírito de grupo, espírito coletivo, esforço coletivo na perseguição de um objetivo comum, integração ao coletivo, solidariedade, tolerância recíproca, paz, cooperação, convivência, beleza estética do jogo e dos praticantes, atos esbeltos, descontração, diversão, lazer, garra, busca dos limites, saúde, força, conquista de saúde, uma forma muito salutar de levar a vida, busca por melhor qualidade de vida e saúde, discernimento quanto às situações vivenciadas, incentivo ao desenvolvimento de soluções mentais e de tomada de decisão, exigência de respostas motoras rápidas e concatenadas, aprendizado e respeito a regras de jogo coletivas, respeito à direção técnica e capacidade de atender às ordens e orientações táticas e estratégicas, capacidade de lidar com pessoas em situação competitiva, inclusão, conquista da juventude, espírito jovem, e conquista da terceira idade e dos portadores de deficiências.

Todo este conjunto de valores mostra o que buscam as pessoas, os empresários e os novos investidores ao atuar e aplicar recursos no vôlei do Brasil.

9 – Geração de Empregos Diretos e Indiretos

Os levantamentos diretos feitos nas empresas que entrevistamos e as visitas às arenas, nas quais os grandes atletas fazem exibições e participam de campeonatos de repercussão nacional e internacional, permitem afirmar inequivocamente que o vôlei gera significativos efeitos diretos e indiretos na formação de empregos, ocupações e iniciativas empresariais.

Os empregos se dividem em formais e informais. A primeira categoria admite a assinatura em carteira de trabalho, autenticando a atividade prevista por um trabalhador. A segunda é em função de um rito de passagem, quando uma caravana de vôlei se estabelece por uns poucos dias em uma cidade, como por exemplo de cinco a 15, o que é bastante freqüente em competições promocionais, e não há perspectivas, interesses nem viabilidade econômico-financeira em se manter a atividade no local.

Justifica-se a carteira assinada quando há uma demanda regular, longa e sem perspectiva de que a produção acabe, tanto pela perspectiva do trabalhador quanto por parte do empregador-empresário. Não se justifica a carteira quando o que se propõe é um trabalho ou serviço curtíssimo, precário no tempo e moldado mesmo, freqüentemente, para ajudar os mais pobres deste país que tem a pior distribuição de renda e de riqueza do mundo.

Deste modo, quando crianças e adultos se aglomeram para pedir 'uma ajudinha' e recebem por ajudar a montar uma lona, ou criam do nada, por dois dias, um estacionamento de carros, ou recebem autorização para vigiar um par de caixas, ou são licenciados a vender picolés, o que acontece é uma ajuda momentânea.

Neste sentido, os empregos formais estão crescendo na área esportiva, pois o setor tem dado sinais inequívocos e corretos de auto-regulação, regulamentação federal, compreensão da importância de atuar de modo formal e com contabilidade e sistema de registros transparentes, e está debatendo medidas microeconômicas que podem viabilizar sua existência.

Geração de Empregos Diretos e Indiretos

O emprego formal é muito variado no setor esportivo como conseqüência da dubiedade de definição que ainda paira em relação ao assunto, no sentido do que deva ser definido como setor esportivo. Mas, para efeitos gerais e deste livro, levantou-se que empresas que produzem concretamente bens esportivos, como sapatos, camisas, calças, bolas e outras indumentárias, tais como a São Paulo Alpargatas, a Pênalti–Cambucy e a Azaléia, são empresas que geram um número bem elevado de empregos diretos em seus departamentos de produtos esportivos, podendo suplantar a média de 600 empregos por empresa.

No outro extremo, as pequenas e microempresas são geradoras automáticas de empregos a favor de seus proprietários. E estes se cercam normalmente de mais três auxiliares. Logo, a microempresa típica do esporte emprega em média quatro pessoas, sendo uma de formação superior e três de primeiro ou segundo grau completo.

No comércio, as lojas que vendem roupas e artigos esportivos são um pouco mais difíceis de serem avaliadas quanto à formação de empregos. Elas tendem a vender roupas e artigos de várias categorias e tendências, motivo pelo qual não investem necessariamente em vendedores especializados em esportes. Os dados levantados mostram que o comércio paulista e carioca empregam de 7 a 18 pessoas em empresas menores, e de 45 a 117 colaboradores em empresas maiores, que faturam acima de R$ 50 milhões por ano.

Deste contingente, 15% a 20% ocupam-se em tempo parcial ou integral com o comércio esportivo.

Merece destaque o fato de que, segundo os levantamentos, em 1970 a participação destes vendedores chegava a 2%, de acordo com 12 lojistas entrevistados. Em 1980, este número subiu para 6%, e em 1990 e 2000 disparou para os atuais 15% a 20%, o que representa mais um forte indicador de que a prática esportiva firmou-se entre os brasileiros e movimenta a sua indústria.

O emprego informal seria mais bem definido como um biscate de luxo para quem o faz, um trabalho temporário. Quando chega uma caravana para montar uma arena esportiva em uma cidade, ela já traz consigo um kit praticamente pronto para montar. E uma equipe já preparada, profissional, empregada formalmente, é que monta essa arena.

Contudo, sempre podem faltar as emendas, os consertos e os ajustes de última hora. E, nessas circunstâncias, pode-se contratar, por horas ou dias, marceneiros, carpinteiros, eletricistas, bombeiros, vigilantes, seguranças, flanelinhas e outros profissionais. Para eles, a renda gerada pelo movimento itinerante é representativa, e razão de grande orgulho e satisfação.

Normalmente, em cidades e periferias deste Brasil dos despossuídos, uma renda mensal de R$ 300 é bastante comum. Se um cidadão é contratado a prestar serviços diários por R$ 25, por seis dias, ou receber R$ 150 no total, a incorporação de renda é substancial, posto que equivale a mais 50% da renda daquele mês.

Este emprego fugaz acolhe um número muito variado de ocupados circunstanciais.

Em pequenos eventos do vôlei cria-se entre 20 a 50 atividades paralelas, que enchem de alegria seus titulares. Nos eventos maiores, que ocorrem nas metrópoles, surgem espontaneamente mais ocupações, que podem criar até 1.500 biscates no centro e no entorno do *momentum* criado pelo esporte.

As evidências mostram que o desemprego é um macroproblema trágico, profundo, enraizado, crescente e grave no Brasil. E, ultimamente, ceifa as oportunidades, tanto da classe média quanto da classe pobre. A primeira se rende à precariedade do trabalho, aceitando, cada vez mais, salários e remunerações menores. A segunda, que já é secularmente vilipendiada, sofre com a baixa inserção social, a burocratização e a politização dos poucos cargos, e a extinção de ocupações.

Em que pesem os esforços dos últimos governos, a retórica e o discurso têm sido maiores que a geração de empregos de alto nível e de boa remuneração. Garis são comumente a melhor oportunidade oferecida nos concursos públicos das prefeituras, e os empregos tecnologicamente intensos escasseiam.

10 – Relações Nacionais e Internacionais

Para ser conhecida, respeitada, e crescer na comunidade, uma instituição precisa ser comunicativa, bem-relacionada e proativa.

A CBV faz questão de se fazer conhecer e respeitar, com sucesso inegável, ao atuar em todas as áreas que o voleibol oferece, sempre em busca da satisfação da população.

Na CBV, todos compartilham igualmente esta responsabilidade, que é de suma importância. O presidente, a equipe administrativa, os comitês técnicos e de seleções, e os atletas podem e devem ser os mais comunicativos possíveis.

As relações são espontâneas e também orientadas por assessores de imprensa e psicólogos, quando necessário. Assim, atletas novos e jovens são orientados, desde o início de suas carreiras, a serem expansivos, abertos, camaradas, e a agir com bom humor em todas as suas tarefas e inter-relações diárias.

Falar com o público nas arquibancadas dos estádios e arenas, dar entrevistas aos jornalistas, entreter-se com empresários, dar autógrafos e falar com todos os torcedores com um sorriso no rosto, visitar as comunidades carentes e conversar com as populações desassistidas como bons amigos, e falar com as classes e representações políticas e institucionais sobre os jogos e as necessidades de cada evento são atividades de todos que seguram a bandeira da CBV e do voleibol brasileiro.

Certamente estas atividades têm suas características peculiares e afeitas às próprias hierarquias de uma organização, e são muito bem demarcadas na CBV. Contudo, é bem claro o interesse que há em praticar e incentivar a mentalidade de empresa bem-relacionada e comunicativa, na qual todos são embaixadores e embaixadoras, empenhados na disseminação do voleibol, para alegrar as pessoas e melhorar a qualidade do bem viver.

À presidência cabem as relações institucionais com as classes políticas e empresariais, e a representação em todos os eventos que forem realizados. Deste modo, a presidência lida com os presidentes das nações, das federações e confederações, com os ministros e secretários de Estado, com as lideranças empresariais e comunitárias, e com todos os participantes do mundo do voleibol.

O presidente recebe e conversa, dedicando o mesmo carinho e atenção aos seus colaboradores, aos atletas e treinadores, às autoridades, aos empresários e aos torcedores. A comunicação é aberta e gera um clima de aproximação muito saudável, já que se definem relações, negócios e momentos proporcionados pelo esporte, sempre com alegria e espontaneidade.

Saber gerar esse clima agradável e bem amigo torna o ambiente leve, e todos tendem a ganhar com isso. As relações se multiplicam, porque se sente o espírito honesto e alegre que rege as relações.

Este mesmo espírito é incentivado entre os atletas, que com todos conversam e se comunicam. O voleibol busca a aproximação interpessoal. No lugar de clausuras, o que se quer é a abertura de todas as portas, é gerar alegrias e boas falas, amigas, mostrando o que o voleibol oferece de oportunidade esportiva e de convívio.

Portanto, é natural que a malha de relações nacionais e internacionais da CBV seja imensa, e os exemplos de relacionamento que seguem são apenas uma pálida lembrança dos inúmeros contatos existentes, mesmo sendo representativos e emblemáticos.

10.1 Ministério dos Esportes

Relacionar-se amiúde, e muito bem, com o Governo Federal e seus representantes, é fundamental para toda organização esportiva que visa contar com o apoio e o beneplácito do Ministério dos Esportes, para conseguir alcançar seus objetivos de expansão e de prática popular crescente, como faz o voleibol.

A relação entre o Ministério e a CBV é de independência, que fique bem claro. Não existe hierarquia entre uma e outra instituição. O comando não é centralizado. As decisões atinentes ao voleibol são provenientes da CBV, que adota as medidas que considera necessárias e adequadas.

Para otimizar as políticas esportivas, é relevante conhecer as medidas, os orçamentos, as liberações de verbas, os regulamentos e os programas que são promovidos pelo Ministério dos Esportes. Como promotor maior das atividades macro que se fazem a favor do esporte no Brasil, o Ministério pode direcionar recursos e mobilizar interesses. Por estas razões, é importante marcar presença frente aos titulares da pasta ministerial, para sensibilizá-los sobre a importância do vôlei e seus positivos desdobramentos, caso seja continuamente apoiado.

O Governo Federal possui decisão esportiva própria. Dada a sua magnitude e capacidade de penetração em todas as unidades da federação, representa um parceiro ideal e fundamental, para que as decisões, as medidas, os programas, os torneios, os métodos de ensino e de propagação do esporte se espalhem pela nação por meio de publicações, equipes de trabalho, representações estaduais e centros de produção.

Ademais, é alta a correlação entre as medidas emanadas pelo Governo Federal e aquelas adotadas e implementadas nas esferas estaduais e municipais. Neste jogo de integração vertical, tal e qual ocorre na corrida de revezamento, onde a tocha é passada de um corredor a outro, é sumamente importante contar com o apoio e o compromisso operacional dos três níveis de governo. Quando eles avaliam, entendem e passam a adotar, em termos práticos, os projetos esportivos implantados de forma independente por uma confederação esportiva, as chances de esses projetos darem certo se multiplicam e é a população quem ganha.

Como há mais de quatro décadas as relações entre o Ministério dos Esportes, as secretarias estaduais e municipais de esportes, a CBV e as federações estaduais de voleibol são excelentes, caracterizadas pela comunicação franca, aberta e fácil, onde há cooperação mútua e todos só têm a ganhar, o que beneficia a população, pode-se afirmar que se chegou a um modelo de colaboração avançado, maduro, estável e altamente cooperativo.

Como mais uma forma de reconhecimento aos serviços prestados pelo vôlei ao Brasil, à formação de sua cidadania e ao patriotismo que transparece na hora em que todo o povo torce e grita pelos atletas de sua nação, os atletas e dirigentes sempre são homenageados.

10.2 FIVB – Fédération Internationale de Volleyball

O voleibol é um esporte praticado no mundo inteiro. No Brasil, ele cresceu rapidamente de 1970 a 2004, para alcançar o segundo lugar na preferência esportiva da nação.

À sua frente está apenas o futebol brasileiro, consagrado e ovacionado como o melhor do mundo, pentacampeão no masculino, imbatível na prática e na moral.

Isto faz do Brasil deste milênio o único país do mundo campeão ao mesmo tempo em vôlei e futebol.

As relações internacionais são fundamentais, para que o voleibol brasileiro cresça, evolua e se faça respeitar.

Numerosos centros de excelência estão no exterior. Há numerosos jogadores de primeira grandeza que competem nos ginásios da Europa, dos Estados Unidos e da Ásia. E a troca de experiências, estilos e escolas enriquecem os atletas, os times e as equipes.

Por estas razões, a CBV é sempre cooperativa e está aberta às oportunidades de troca de técnicas, tecnologia, métodos de aprendizado e de administração esportiva que possam ser promovidas e oferecidas a todo o mundo.

Daí decorre que, significativamente, como um resumo das inúmeras relações que foram montadas com denodo e carinho especiais, com a simpatia irradiante e esfuziante dos brasileiros e das brasileiras, a CBV se empenha em expandir e atualizar todas as suas relações com todos os países. E a FIVB — *Fédération Internationale de Volleyball* — é a representante maior desta relação, pois através dela atuam, desfilam, se organizam os grandes eventos internacionais da modalidade.

Dado o elevadíssimo e praticamente imbatível nível de sucesso e produtividade ao qual chegou o voleibol brasileiro, ele é referência mundial de excelência, e assim permanecerá por longo tempo.

A esta referência, que em inglês se chama *benchmark*, o Brasil é reverenciado em todo o mundo, enquanto pratica seu esporte com humildade e seriedade. É portanto importante ressaltar que o jogo do Brasil, seu traquejo, seu estilo de alta classe e categoria, seu ânimo, seu espírito alegre insuplantável, seu *fair-play* notório e cada vez mais cantado e reconhecido, e seus atletas e equipes correspondem aos novos deuses do Olimpo.

O Brasil é reconhecido internacionalmente porque tem a melhor folha corrida de atividades mundiais do voleibol entre 1997 e 2004. Não há nenhum país que sequer lhe possa fazer sombra, tamanho é seu notório e crescente desempenho.

Assim, seu relacionamento com a FIVB, se faz com a finalidade de atuar como membro ativo e dinâmico do voleibol internacional; de poder compartilhar e trocar experiências esportivas, gerando alegria e prazer de viver aos atletas e seus orientadores; e de inserir o Brasil em todos os eventos, para interagir nesta era de globalização.

10.3 Federação Sul-Americana de Voleibol

Em 2004 e 2005, o presidente da CBV também incorporou a presidência da Federação Sul-Americana de Voleibol.

O acúmulo de funções é mais do que natural para quem detém os maiores e mais renomados títulos mundiais do voleibol, tanto no masculino quanto no feminino.

Esta honraria imensa, se por um lado representa uma grande distinção para o Brasil e seu escrete, já que demonstra o grau de confiança que nele depositam os irmãos latino-americanos, também implica em grande responsabilidade, pois as américas Central e do Sul anseiam aprender, compartilhar e destacar-se cada vez mais, naturalmente, com a transmissão de tecnologia que esta presidência pode vir a promover.

De fato, o voleibol está florescendo francamente em toda a América Latina, conquistando mais adeptos, destacando-se como uma preferência feminina e um jogo que dá grande prazer aos seus praticantes.

Estima-se que em 2004 havia 106 milhões de praticantes de voleibol na América Latina, ou um pouco menos que um quarto do total da população. São praticantes que jogam pelo menos uma vez por semana e comprovam o tamanho grandioso que a atividade assumiu.

10.4 Comitê Olímpico Brasileiro

O COB — Comitê Olímpico Brasileiro vem desenvolvendo um trabalho, da mais elevada categoria, na promoção e no desenvolvimento de todos os esportes olímpicos.

A evolução ascendente e marcante dos esportes brasileiros olímpicos é um fenômeno relativamente recente, e ocorre em período que coincide claramente com todos os significativos esforços do presidente Carlos Arthur Nuzman.

Carlos Arthur Nuzman levou ao COB sua energia, seu entusiasmo, seu comprometimento e sua extraordinária capacidade de viabilizar um projeto com poucos recursos iniciais, fazendo-o campeão mundialmente reconhecido.

Com a vantagem de atuarem com grande amizade e histórica relação esportiva, pois fizeram parte da mesma equipe de voleibol olímpico masculino, Carlos Arthur Nuzman e

Estratégia Empresarial

Ary Graça souberam tecer e criar a malha de relações ideais, para gerar com o voleibol, através das Olimpíadas, mais um esporte de valor incomensurável para o Brasil, que foi campeão com as equipes masculinas, com a dupla de praia masculina e com a dupla de praia feminina.

Atuando de forma independente, tanto o COB quanto a CBV sabem atuar da forma mais cooperativa e coordenada possível, produzindo resultados estonteantes que deixam o mundo boquiaberto, admirado e sem outra alternativa a não ser mudar definitivamente seus referenciais de excelência, pela quantidade de medalhas de ouro, prata e bronze amealhadas pelo Brasil nas quatro últimas Olimpíadas.

Tamanho é o sucesso do COB e seu progresso produtivo medalhista que o Governo Federal se rendeu às propostas do Dr. Carlos Arthur, de tal forma que atualmente, após tramitação pelo Congresso Nacional e apoio incondicional dos deputados Agnelo e Piva, a Loteria Federal destina parte de sua arrecadação ao fomento dos projetos esportivos do COB.

Contando com estas verbas, as modalidades esportivas olímpicas poderão crescer e acrescentar à sua coleção muito mais medalhas nas próximas competições.

10.5 Federações Estaduais de Voleibol

As federações estaduais de voleibol representam e disseminam os interesses voleibolísticos da CBV nos Estados.

Existem federações em todos os Estados da União, assim como no Distrito Federal, o que comprova a pujança, a força e o dinamismo impresso ao esporte em todo o território nacional.

Cada federação tem como zona de influência a área demarcada politicamente como estadual, o que, no caso de um país continental como o Brasil, significa uma jurisdição ampla que gera motivações para o trabalho.

Em seu Estado, a federação é líder e comanda as ações locais. Isto significa que existe capacidade autônoma de decisão concernente a assuntos e eventos locais. Assim, no plano decisório, cria-se a prática da descentralização operacional, que agiliza as ações e promove a velocidade das atividades.

64

Naturalmente, o quadro de expansão recente de torcedores e de atletas cresceu de forma explosiva e impactante, muitas vezes mais que a capacidade de atendimento e de expansão das sedes e bases administrativas das próprias federações locais.

Corajosas e tenazes, elas trabalham incansavelmente, mesmo com poucos recursos.

Em alguns casos, uma federação estadual conta com seu presidente, uma secretária e um par de ajudantes. Como fica difícil atuar com uma equipe tão pequena, as federações trabalham sob um grande regime de sacrifício, dependentes da Confederação e da matriz, ainda assim confiantes que os recursos chegarão e permitirão uma expansão ainda maior de suas bases de torcida, de seu relacionamento com outros clubes e das relações com empresários, para desta forma promoverem animados eventos e campeonatos.

As relações entre a CBV e cada uma das federações estaduais são abertas e cordiais, reinando um clima de amizade, respeito e cooperação. A CBV escuta os pedidos e as sugestões de cada federação. E procura entendê-las e busca cooperar com cada uma delas segundo as possibilidades e as oportunidades que se vislumbram.

10.6 Comitê Olímpico Internacional

As relações com o COI — Comitê Olímpico Internacional –, são as melhores possíveis. O Brasil é respeitado em sua posição de campeão e recebe o mesmo tratamento das demais nações, contando com a aura de mais recente campeão olímpico do mundo em múltiplas modalidades.

Para que se fale a mesma linguagem, os presidentes da CBV e do COB, afinam e alinham os interesses estratégicos das instituições que representam. E uma vez combinadas as suas táticas e estratégias, desenvolvem-nas com suas respectivas equipes, com independência, bem informados mutuamente, e de forma complementar.

Com a comunicação bem afinada, evita-se o isolamento e forma-se uma administração de dados e informações básicas compartilhadas. Que se entenda que cada titular e cada equipe cuidam de modo focado de seus objetivos. Desta forma, cria-se uma sinergia extraordinária, que promove o trabalho em equipe e permite que o Brasil alcance seus resultados notórios com coerência incomparável.

Estratégia Empresarial

O COB tem desenvolvido um trabalho árduo e cada vez mais relevante, para valorizar e enaltecer o esportista brasileiro. E sua posição profissional, séria e bem focada, tem recebido respeito crescente e admiração de todas as entidades esportivas nacionais e internacionais.

Ao obter verbas federais para aprimorar o esporte, a direção atual está assegurando a consolidação em longo prazo de esportistas altamente qualificados, de várias modalidades, que gerarão medalhas e alegrias sem par que ficarão para sempre na história esportiva do Brasil.

O vôlei brasileiro, detentor de medalhas olímpicas de ouro, prata e bronze, contribui de forma crescente para este objetivo de excelência, e serve de exemplo notável para a perseguição de objetivos por parte do esporte brasileiro.

Com mais de 180 milhões de brasileiros, em 2003, o país poderá almejar resultados melhores que os alcançados até fins dos anos 80, quando ganhava no quadro geral entre 6 e 12 medalhas. Esta produtividade será substituída por um desempenho cada vez mais destacado, fruto dos investimentos no esporte por meio do COB, da alocação de recursos federais oriundos das loterias, e da capacidade que o COB tem comprovado de chamar para si, e ao seu entorno, a profissionalização em todas as modalidades, e fazendo de cada esporte um projeto em si.

Ademais, há de ser destacado que espera-se do COB a sua natural serenidade e capacidade em propor e enviar ao Congresso Nacional medidas e regulações que otimizem a prática do esporte. Que então se evitem leis absurdas e danosas, que arrasam com o esporte nacional, tal como a Lei Pelé. Os verdadeiros responsáveis desta desapareceram, deixando, todavia, o nome e maculando a imagem do rei do futebol e grande herói brasileiro.

11 – A Estruturação da CBV para Alcançar Seus Objetivos

Como o voleibol brasileiro conseguiu alcançar resultados tão expressivos e extraordinários?

Como foi possível obter tantas vitórias e glórias ao mesmo tempo, em espaço de tempo tão curto?

Certamente, há inúmeros fatores que contribuíram decisivamente para explicar a série inédita de vitórias que só o voleibol brasileiro conseguiu conquistar nos anos 80, 90, e neste terceiro milênio.

Entre estes fatores, para mencionar os mais evidentes e notórios, pontificam a capacidade e o talento excepcionais dos nossos atletas e treinadores; a onda crescente de atletas motivados, entusiasmados e envolvidos com o prazer de praticar o voleibol; a expansão das redes e da infra-estrutura por todo o Brasil, que aderiu à prática e à torcida do esporte; e o apoio dado por toda a sociedade e seus órgãos, as empresas e instituições.

Contudo, pouco se destaca um fator fundamental, essencial e determinante, para explicar o gáudio do voleibol brasileiro. Trata-se das capacidades administrativa, gerencial, executiva e empresarial, combinadas, que geraram o ato de saber transformar o voleibol, um simples esporte amador, jogado na praia e nos finais de semana por um punhado de membros da juventude dourada de Ipanema e do Leblon, nos anos 60, que passou a ser um grande e atraente negócio, a partir dos anos 70. Ademais, o ensolarado Nordeste viu a expansão alegre do vôlei de praia pelas suas amplas areias.

Um negócio bem estruturado, montado, arquitetado. Um *business* que deve gerar caixa aos que dele vivem e se dispõem a vê-lo como ganha-pão, e ao mesmo tempo como uma atividade sumamente social, destinada a integrar e alegrar pessoas, sem discriminações, oferecendo o prazer de viver e a chance de socializar e fazer um milhão de amigos.

Neste sentido, o voleibol é um exemplo de integração social e racial, sem qualquer tipo de preconceito. Logo, ele é um exemplo a ser seguido.

Estratégia Empresarial

Entenda-se bem que, juntas e combinadas, as capacidades administrativa, gerencial, executiva e empresarial formam e conduzem ao *talento empresarial*. A capacidade administrativa diz respeito à habilidade em coordenar, comandar, capacitar, dosar e otimizar os processos de produção inerentes ao negócio. A capacidade gerencial, por sua vez, se relaciona à habilidade de se dar continuidade, acompanhamento, tom dinâmico ao negócio, e um regime de controle adequado por meio de pessoas. A capacidade executiva se reporta à virtude de saber entrar em ação, de fazer, de acontecer, e de tornar real o que se planeja ou sonhou. E a capacidade empresarial se baseia no conceito de saber estabelecer a dose certa de riscos e de retornos que cada atividade vinculada ao *business* deve dar, de tal forma que os riscos sejam bem controlados e menores, e os retornos sejam positivos, reais e, de preferência, crescentes.

Pois bem, o voleibol do Brasil conseguiu estabelecer os mais altos padrões mundiais de excelência porque se preparou para obtê-los, ao investir e deixar que se desenvolvessem as melhores virtudes que compõem o talento empresarial exigido pelo esporte.

Este investimento foi de longo prazo, demorou mais de 40 anos para maturar, e gerou frutos com o passar do tempo e o sábio ato de saber esperar, sem que fossem queimadas etapas empresariais, administrativas, gerenciais e de execução.

Portanto, para se chegar aos resultados alcançados, várias gerações de brasileiros deram de si o que tinham de melhor. Os pioneiros deste processo, dos anos 40 a 80, que elevaram e mantêm no auge o voleibol que se estabeleceu dos anos 90 em diante, se sacrificaram sem ver, necessariamente, os frutos de seu cultivo. Já as gerações mais novas, edificando vitórias sobre uma construção robusta, que foi alicerçada em bases firmes, colhem os lauréis do sucesso e têm a crescente responsabilidade de manter um padrão de vitórias que mais se parece ao desafio do impossível.

Note-se que, analogamente, o bom agricultor tem de ter conhecimento e tecnologia, para gerar grandes safras. A colheita boa, a grande safra, não aparece simplesmente porque se enfiou a semente na terra. Antes, é preciso mapear o terreno, destocá-lo, nivelá-lo, destorroá-lo, e arar, gradear e fertilizar a terra. Após o plantio das sementes, é preciso irrigar as mudas e promover tratamentos fitossanitários, para que elas cresçam fortes e sadias, sendo necessária a sua condução (educação) por fios, varas e afins, dependendo do tipo de cultura.

E tudo isto requer e exige obstinação, capacidade de sonhar e de se concentrar, muito trabalho, enorme rigor e grande disciplina de todos que se propõem a desenvolver um projeto que se destaque e seja bem-sucedido.

O projeto da CBV, de tornar o Brasil o maior campeão mundial de voleibol, atendeu a estas caracterizações e ações anteriormente descritas. E tudo foi feito por pessoas empenhadas na realização de um mesmo objetivo comum, que foi clara e estrategicamente bem definido. A capacitação para o sucesso foi gerada pela CBV, montada e estruturada para ser vitoriosa.

A lógica desta estruturação e desta construção será apresentada ao leitor nos capítulos que seguem, para oferecer uma visão inédita sobre o *modus operandi* adotado pela empresa, para gerar os melhores resultados esportivos do mundo.

12 – A Estrutura Interna da CBV

Como conceber e desenhar a CBV, para gerar uma instituição campeã?

Como manter o charme do esporte, com seu entusiasmo e vibração, com suas torcidas animadas e festeiras, e além de tudo criando condições para que ele se sustente em um país onde as crises econômicas e financeiras são recorrentes e atrapalham projetos que querem ser de longo prazo?

Como trazer para o vôlei esportistas, dirigentes e gerentes brilhantes, que possam destacar-se e enaltecer com resultados o esporte, se suas motivações podiam estar em outras modalidades esportivas e práticas em empresas diferentes?

Estas foram três das perguntas principais que os dirigentes do voleibol tiveram de responder, para conseguir alcançar o sucesso atual do vôlei brasileiro no país e no mundo.

A concepção contou, obviamente, com ferramentas e técnicas de direção empresarial. Optou-se pela adoção daquelas que já são consagradas e de amplo conhecimento do grande público e da comunidade empresarial, tais como o modelo BSC — *Balanced Scorecard* ®, o Sistema de Gestão da Qualidade e o Diagrama de Processo na linha porteriana®, aos quais aludiremos mais adiante, e pela criação de modelos feitos sob medida para as necessidades do vôlei do Brasil, visto e apreciado como negócio. Assim, o vôlei criou e adotou para si modelos que chamou de MRCE® — Método dos Resultados Crescentes de Escala, GEED® — Modelo de Gestão Estratégico Esportivo Desejado, Arquiexcelência®, Tecnologia de Construção de Equipes e Seleções — Vôlei *Team Building* — *Volteams*®, Tecnologia de Produção de SuperVoleibolistas — SuperVols® e BOPs® — *Business Oriented Policies*, entre outros.

As respostas a estas questões foram e são dadas ao mesmo tempo.

Além de planejar e desenhar meticulosamente a organização que se queria ter e fazer, desde o início perseguiram-se os atributos que se exigem para ter e construir uma empresa campeã.

Os colaboradores da CBV, de todos os níveis hierárquicos, esmeraram-se em aprender as ferramentas do moderno direcionamento estratégico e gerencial das organizações, para então aperfeiçoar e adotar estes instrumentos em seu ambiente e meio internos. Eles atuaram como o grande time que são, de fato, fossem da presidência, da administração, da gerência, das UENs, das seleções e equipes, dos conselhos e de áreas terceirizadas.

Naturalmente, em cada época e década, há técnicas, modelos e arquiteturas organizacionais diferentes, que se montam em função das peculiaridades e especificidades do momento, nas dimensões tecnológicas, produtivas, humanas, trabalhistas, financeiras, e afins.

A utilização dos métodos de trabalho da CBV, previamente concebidos e planejados, permitem que ela se capacite a superar recordes dificilmente imagináveis.

Conforme se pode depreender do quadro intitulado Arquiexcelência mostrado anteriormente, a CBV estimula como mote e macroobjetivo contínuos a superação de resultados já alcançados. Isto porque as glórias do passado não asseguram novos triunfos no futuro, solicitando de todos quantos com ela colaboram esforço e dedicação contínuas.

Isto não significa que a CBV esteja insatisfeita com o que alcançou, pelo contrário. Na sua felicidade, a organização sente-se sumamente contente em superar resultados e mostrar que o esporte pode ser praticado como diversão, atividade social e, ao mesmo tempo, é geradora de resultados que promovem a auto-superação individual, das equipes e das gerações.

Comprovar que é possível melhorar sempre, obtendo a cooperação das gerações entre si, que se dão as mãos e crescem conjuntamente e ao mesmo tempo se superam, é o objetivo maior do modelo de Arquiexcelência. Isto é *tal como numa corrida de revezamento*, em que *a tocha é passada de mãos em mãos*, assim é neste modelo, *de geração para geração. E cada uma destas gerações de esportistas tem por propósito superar a excelência da anterior e adicionar sua pitada de tecnologia, de conhecimento, de agilidade, de motricidade e de tudo quanto faz do vôlei o esporte digno e inebriante que é.*

As gerações no modelo de Arquiexcelência não concorrem entre si. Elas se completam e se complementam. Os mais jovens podem ter mais energia, impulso, força e modernidade, contudo, pode faltar-lhes alguma dose de sabedoria, de experiência, de malícia e de prática. Os mais idosos podem estar com os recursos fisiológicos mais comprometidos, contudo, compensam mediante suas visões amadurecidas, experiências, conhecimento, astúcia e pragmatismo.

Deste modo, o modelo de Arquiexcelência promove a integração na organização de todas as gerações. Isto significa que todos quantos dela fizerem parte têm lugar assegurado, garantido. Literalmente, todos juntos perfazem e constroem um projeto maior e um mundo melhor.

O quadro Arquiexcelência mostra e destaca que todo resultado almejado, projetado e desejado há de ser alcançado. E uma vez superado, cabe encontrar novas e interessantes metas para estimular em regime permanente a superação pessoal (auto-superação) e a superação coletiva (grupal ou de uma organização).

Para que isto ocorra, é preciso dispor de um método pré-concebido de Gestão Estratégica, que mediante um Plano Estratégico adequado e bem discutido pelas lideranças que movem o esporte, exponha, descreva e adiante a rota principal que se quer trilhar, num tetraedro de elementos que concebem a clara definição da missão organizacional; da visão sobre a atividade esportiva – como há de ser; da cultura que se quer ver e implantar, para gerar os resultados antevisados; e dos macroobjetivos a serem conquistados.

Daí decorrem a feitura integrada do GEED – Modelo de Gestão Estratégico Esportivo Desejado; a montagem bem operacionalizada, mediante tecnologia própria, genuinamente nacional e brasileira, das equipes e seleções – que dão origem ao Volteams; a busca obstinada e contínua da auto e da múltipla superação, mediante o uso científico de uma tecnologia que se aprimora para produzir supervoleibolistas – a que se denomina Supervols; e a antecipação bem estudada do que se pode produzir e gerar atleta por atleta, equipe por equipe, num espectro temporal de curto e de longo prazos – que gera a implantação e o uso do MRCE – Método dos Resultados Crescentes de Escala.

E como as pessoas e as equipes de trabalho, assim como toda a organização, sentirão que os resultados beneficiarão diretamente, inclusive sob a ótica pecuniária, este sistema lógico se fecha com a criação de um poderoso elo de negócio orientado. Isto é, promove-se positivamente o ganho econômico-financeiro, para que as pessoas saibam e comprovem por si mesmas e mediante o grupo instituído pela CBV, que é possível viver dignamente dos recursos, das receitas e das rendas criadas pelo vôlei. As atividades que englobam o mister da formação da renda são denominadas *Business Oriented Policies*, ou simplesmente BOPs.

Do ponto de vista interno e organizacional, cabe portanto aos gestores da CBV operar para que seja alcançado em seu conjunto o objetivo do modelo de Arquiexcelência. E isso depende da boa integração que se desenvolve com a feitura e refeitura contínua do GEED, do Volteams, do Supervols e do MRCE.

O corpo dirigente da CBV montou, após exaustivos debates, levantamentos e apreciações, ao longo dos anos 70, até 2005, com pensamentos e propostas que entendia serem apropriados para criar um projeto esportivo campeão, único e gerador de resultados espetaculares.

Como foi isso? Em linhas gerais, podem-se estabelecer as respostas às três perguntas anteriores.

No plano da concepção e do desenho, entende-se que a CBV deveria atender aos seguintes atributos, em qualquer sentido: uma instituição com estrutura leve e dimensionada para produzir o máximo de eventos esportivos destacáveis; centralizante nas decisões supremas e estratégicas e na representação político–institucional; descentralizada nas atividades ope-

Estratégia Empresarial

racionais e funcionais; composta por poucas hierarquias e muitos colaboradores altamente capacitados, para dar uma tremenda velocidade à ação; e altamente propensa à absorção de todos os progressos tecnológicos, em todas as áreas humanas, usufruindo deles, e com capacidade de criar tecnologias de ponta no voleibol.

Deste plano conceptual, a CBV atual adotou e vestiu sob medida o modelo gerencial do *Balanced Scorecard*®. Não que este fosse o único e principal modelo, mas, dadas as suas vantagens de oferecer rápida exigência para a obtenção de resultados, e de visar alinhar e integrar as áreas de uma empresa, estes atributos se harmonizavam com as pretensões da CBV.

Simultaneamente, em vez de se trabalhar com um organograma hermético, do qual resulta uma hierarquia em linha, que distancia a gerência da alta direção, e é tipicamente elitista e antiquada, optou-se por um sistema de gerência estelar. Nela, cada gerente tem sua área bem destacada e definida, e opera por projetos. Cada projeto deve ter início, meio e fim, e, especialmente, deve dar resultados positivos. Havendo necessidade de recursos ou dúvidas e conflitos, os gerentes acionam imediatamente o presidente, que estabelece um contato de portas abertas. Não havendo necessidades maiores, cada gerente toca seus projetos, junto com suas equipes. Enquanto isso, o presidente destina seu precioso tempo a sedimentar todos os laços político–institucionais, e para valorizar todos os esportistas e seres humanos, compartilhando da dimensão humana que o esporte tem.

Em cada gerência forma-se uma unidade. Busca-se a união de elementos, que se destinam a promover assuntos correlatos e parecidos, tanto em curto quanto em longo prazo. Logo, trabalha-se com unidades estratégicas de negócios (UENs), que advêm das *Strategic Business Units* (SBUs), com as quais os bancos norte-americanos evoluíram competitivamente dos anos 80 em diante.

Cada unidade possui equipe própria, rede de contatos, clientes e fornecedores, e conformidade contábil. Para dar certo, cada UEN deve dar lucro anual e resultado esportivo, sagrando-se campeã ou gerando benefício social.

Cada gestor de unidade tem um conjunto de atividades a cumprir, ou seja, os projetos. Eles são de dois tipos, os contínuos e os momentâneos, e cabe às equipes acertar e renovar o sucesso revisado dos projetos regulares e contínuos, e completar os projetos momentâneos.

As equipes internas da CBV podem ser limitadas a um número pequeno de colaboradores, porque estes devem ater-se à obtenção de resultados. Assim, no lugar de ser produtora de tudo um pouco, o que é dispersivo e fragilizante, pois significa perda de concentração de forças, a CBV admite e promove os trabalhos terceirizados.

O contratado como terceiro deve ter excelência e máxima competitividade. Se alcançar os resultados e as metas preconizadas pela CBV, é avaliado como um bom parceiro, que pode candidatar-se a novos projetos discriminados no mapa de produção contínua de projetos por UEN.

Merece ênfase o fato de que uma SBU opera em prol de uma empresa. Logo, importa a obtenção de resultados integrados e conjuntos. A SBU tem de cobrir, do ponto de vista econômico-financeiro, todos os seus custos e mais os que lhe forem aferidos mediante rateio.

Desta forma, os custos conjuntos, como de aluguel de imóvel e de equipamentos, de terceirização conjunta, como serviços de limpeza e vigilância, e outros, são divididos por todas as UENs existentes.

Ao serem superados estes custos, tanto pela organização em seu conjunto quanto pelas UENs, de forma individual, tal como ocorre desde 1997 na CBV, dá-se uma comprovação de eficiência sistêmica e por unidades, o que justifica sua permanência na ação, produção e operacionalização, posto que são eficazes.

Em relação à segunda questão, de como manter o charme do esporte e sua viabilização econômico-financeira em um ambiente inóspito, partiu-se de um princípio incomum. E, com o passar do tempo, o princípio da CBV mostrou-se acertado.

No lugar da premissa 'o esporte amador é lindo, dinheiro estraga, e ele vai ficar feio', partiu-se de outra proposição, inversa a ela, que diz: 'o esporte precisa de meios para tornar-se cada vez mais lindo em sua evolução estética, e para isso o dinheiro é apenas uma ferramenta a mais, que ajuda a alcançar metas'.

Isto significa que, desde o final dos anos 70, o voleibol passou a ser encarado como um negócio, cujos efeitos sociais são fenomenais. Ele pode ser praticado com olhos empresariais, pode ser destinado a dar lucro aos que o promovem, aos seus patrocinadores e mecenas. E, ao dar certo do ponto de vista financeiro e econômico, ele se sustenta. Então, vendo e esclarecendo a segurança financeira que o vôlei oferece, mais e mais atletas, treinadores, fisioterapeutas, gestores e torcedores se aferram e se afeiçoam a ele. Isto gera a agremiação em grande e crescente escala, com a adesão ao voleibol de cada vez mais gente, empresas e interesses, gerando a escala que viabiliza o esporte como profissional, a favor da nação[10].

Estratégia Empresarial

O esporte deve dar lucro e isto há de orgulhar seus promotores. O lucro é uma sobra de recurso que se reverte em novos investimentos e gera empregos.

Efetivamente, desde que esta nova premissa foi adotada, trabalhando-se às claras o fator econômico-financeiro, gerou-se mais um fator motivacional, para que gente muito competente ingressasse e ficasse de vez no vôlei. Afinal de contas, todos querem equilibrar suas contas! E, de preferência, ter mais ganhos, para melhorar de vida junto aos seus entes queridos.

A terceira questão, sobre como trazer para o vôlei gente brilhante, seria e é a mais fácil de todas. Partiu-se de dois princípios básicos, elementares e óbvios, que se verificaram plenamente positivos na prática, e com o transcorrer dos anos:

Primeiro: na medida em que o voleibol fosse dando resultados definidos como vitórias contínuas e numerosas, ele geraria visibilidade aos seus praticantes e promotores, de tal sorte que se amalgamaria uma liga poderosa e campeã formada por pessoas físicas e jurídicas, que, tal e qual um imã, atrairia cada vez mais e mais gente.

Segundo: o Brasil é composto por gente supertalentosa, especial, e de competência infinita. Basta promover nossa gente, dar uma oportunidade, oferecer um treinamento, respeitar a individualidade, a cidadania, e a formação natural dos grupos, que por motivação espontânea aflora o que há de melhor no brasileiro. Bem orientado, alimentado, treinado e esclarecido, ele faria o que se define como resultado ótimo ou efetivação do sonho impossível.

De fato, nesta virada de milênio, comprova-se a competência, a qualidade esportiva e a seriedade de propósitos do brasileiro ao verificar-se que a fonte da qual jorram nossos talentos é tão abundante que centenas de atletas de primeira linha são convidados pelo exterior para praticarem lá o esporte, e em particular o voleibol, nas melhores quadras do mundo.

O Brasil deste terceiro milênio tem uma escola de voleibol que produz escolas no mundo inteiro. Positivamente, não mais uma escola, mas, sim, escolas na pluralidade gerada em cada país, em cada rincão, em cada canto do mundo.

Nas seções a seguir serão descritas, com brevidade, as atividades das principais áreas e unidades da CBV, que explicam por que uma organização bem estruturada e administrada gera resultados contínuos e crescentes, superando até as expectativas dos próprios conselheiros, dirigentes e atletas.

O maior desafio não é mais *chegar lá*, o que já foi conquistado, mas, sim, *permanecer lá* e aceitar mudanças que possam superar os resultados meritórios já consagrados. Assumem-se novos e mais riscos, pois o que parecia pouco provável comprovou-se realizável, e não mudar para a busca de maiores glórias equivaleria a uma acomodação, algo que o espírito esportivo brasileiro rejeita.

Para equalizar os métodos de apresentação, serão resumidos os órgãos e as principais dimensões da ação por órgão, mediante o uso de diagramas de processo, que são similares aos que originalmente são propostos no *BSC — Balanced Scorecard*, acrescidos de um comentário técnico, quando aplicável.

12.1 A Presidência e o Modelo MRCE®

A presidência comanda, organiza e dá as direções estratégicas para todas as áreas da CBV.

Dotada de uma visão estratégica de longo prazo, que compartilha com todas as unidades, a presidência define e negocia macroobjetivos de curto, médio e longo prazos, que são claramente negociados e devem comprovar-se em resultados com o passar do tempo.

As unidades estratégicas de negócios orbitam em torno da presidência, reportando-se a ela e negociando sem parar os recursos fundamentais que podem garantir o sucesso de todos os seus projetos individuais e conjuntos.

Quando mudam as condições externas, a presidência e os titulares das UENs se juntam, para redefinir um mapa de ação e de atividades conjuntas, que possa acentuar as probabilidades de acerto de cada projeto.

Esta relação é dinâmica, aberta e franca, caracterizando-se pela geração de uma atividade veloz que rende resultados imediatos. Visa-se mais que a administração por objetivos: pretende-se dirigir pelo Método dos Resultados Crescentes de Escala — MRCE®, que é um modelo genuinamente brasileiro e que nasceu nas arenas do vôlei. Se foi comprovado que é possível alcançar um patamar de excelência de resultados, entende-se que ele está defasado em relação ao potencial real da empresa, e que ela pode e deve atingir um resultado ainda melhor no futuro próximo.

Este método, modelo de gestão estratégica, o MRCE, é fruto do empenho e da criatividade de todos aqueles que estão envolvidos na formulação estratégica avançada do voleibol.

O MRCE tem pelo menos quatro virtudes importantíssimas, que explicam o segredo do sucesso do voleibol brasileiro no mundo, e que merecem destaque, pois são de rara e complexa utilização:

Primeira: Toda vez que se alcançar um patamar de excelência, deve-se perseguir um patamar ainda mais alto. Ou seja, nunca se dê por satisfeito com o que tem! Acentue com sua equipe a ambição máxima, com humildade. E fique ultrafeliz, em regozijo, com o que foi alcançado.

Segunda: O essencial é ter capacidade de montar uma estrutura permanente, que garanta a escala de produção em série, e em grandes quantidades, de gerações de atletas talentosos. Todas as modalidades, gerações, e ambos os sexos, são igualmente importantes para a produção de eventos, torneios, campeonatos, treinos e intercursos empresariais, e quanto maior a sua quantidade e repetição regular, melhor. Isto é, a ação é promovida com quem quer sempre crescer.

Terceira: Crescer e dar resultados são frutos da racionalidade da escala. Geram-se cada vez mais vitórias com cada vez menos esforços, porque o domínio da tecnologia de ponta esportiva foi alcançado e permite uma expansão segura.

Quarta: Ser campeão e líder é uma necessidade humana natural, que pode se tornar um hábito saudável, quando realizado competitivamente, de forma aberta e transparente, permitindo comparações imediatas e numerosas, como acontece com a multiplicação de torneios e campeonatos de voleibol. Todo ser humano e toda agremiação social consciente sabe que ser o melhor atrai as máximas recompensas. É essencial orgulhar-se das vitórias alcançadas, atuar com humildade e vestir a camisa da superação permanente.

O MRCE — Método dos Resultados Crescentes de Escala é um novo instrumento presidencial de gestão, feito para que se consiga alcançar e superar todos os objetivos organizacionais previamente propostos. A filosofia é bem clara: se esta meta foi proposta, negociada entre o presidente e seus colaboradores, e entendida como alcançável, ela pode ser atingida. E, ao ser atingida, já está ultrapassada e deve ser substituída por outra maior. É o que acreditam os melhores competidores, e nós também, para que possamos superar os outros e os nossos talões de cheques!

A cada passo, o MRCE testa o sucesso, a produtividade e a capacitação alcançados. Se aconteceram, significa que o sistema integrado de produção realizado pelas UENs não foi estressado e pode produzir ainda mais e melhor!

A presidência dá seu *de acordo*, ou veta, ou reorienta, para que sejam alcançados os objetivos contidos em cada diagrama, por área, que foram negociados.

Ela lida com os assuntos de ordem maior da CBV, que se traduzem nas dimensões do diagrama em termos agregados. E, quando necessário, porque se tornou marcante uma variável e sua dimensão, interage com cada um dos fatores que o constituem, sejam gigantescas corporações, sejam pessoas.

Em 2005, a CBV decidiu renovar seu modelo de gestão e modificar sua estrutura, de tal forma que criou uma interessante e eficaz alteração funcional, conforme está ilustrado nos quadros deste capítulo.

Os focos do negócio, do cliente, e de todas as atenções da CBV devem dirigir-se para o apoio total das unidades de negócio, como mostra o modelo de gestão.

Em relação à estrutura funcional, o presidente comanda um Comitê Executivo composto por superintendentes de áreas. Estes, por sua vez, executam as atividades de oito unidades operacionais.

12.1.1 A Gestão Estratégica Presidencial nos Moldes do Vôlei do Brasil e os Princípios do Modelo de Gestão Estratégico Esportivo Desejado — GEED® e do Método dos Resultados Crescentes de Escala — MRCE®

A presidência da CBV, ao assumir o comando nacional da gestão organizacional do voleibol brasileiro, na pessoa de Ary Graça Filho, em 1996, declarou em público, perante grandes audiências da CBV, das federações associadas ao esporte e do IBEF — Instituto Brasileiro de Executivos Financeiros, entre outros renomados institutos que moldam o trabalho e a produção no Brasil, que sua ambição era centrada e focalizada em dois objetivos principais.

Primeiro, gerar séries crescentes e avassaladoras, indiscutíveis e únicas de vitórias. Estas comprovariam a superioridade do voleibol, das equipes e dos times brasileiros, assim como de toda a *entourage*, turma que detém o poder decisório e de suporte, para gerar um desempenho invejável e sem precedentes na história mundial do voleibolismo.

Segundo, caminhar na direção da aceitação do vôlei como um esporte genuinamente nacional, praticado de forma maciça, cada vez mais por brasileiros, a ponto de se transformar em preferência e referência nacional legítimas, populares e incontestáveis.

Contudo, é essencial frisar, faz parte do papel de um presidente ter visão de futuro, ver o que os outros não vêem e puxar com sua liderança as pessoas para patamares, alegrias, experiências e pressões de trabalho e realização mais elevadas.

Mas, perguntou-se à presidência da CBV da época, como tendo esta visão de futuro seria possível realizá-la? De que forma fazer a ponte entre o que se sonha, se deseja e se sabe que será ótimo para a sociedade e a juventude, se muitos fatores que produzem este sonho estavam dispersos, espalhados por aí, sem conexões lógicas e sem preparo real?

Para responder a estas perguntas, a presidência reuniu inúmeros colaboradores da CBV, das federações de vôlei e da sociedade brasileira, e debateu com eles, infatigavelmente, temas que permitiram diagnosticar a realidade do vôlei e traçar as medidas necessárias para se adequar aos sonhos, fazendo-os descer das nuvens e aportar em terra firme.

Para ordenar as mentes, dar aos fatores ativos do processo de transformar o vôlei de um projeto sonhado em um projeto real, para gerar resultados e para ser feito, faltava uma linha mestra, uma estrutura de pensamento, enfim, algo que refletisse o pensar e o desejo estratégico da presidência.

Coube então à presidência da CBV idealizar, juntar, integrar, implantar, acionar e avaliar o desempenho de toda a arquitetura organizacional da CBV, que geraria os sonhos tornados realidade, para exigir progressivas e exponenciais evoluções quantitativas e qualitativas, com as peças fundamentais do tecido que reuniria em tempo real, matricialmente, em forma de projetos trabalhados por unidades estratégicas de negócios, os recursos e as pessoas do vôlei.

Para que o sonho se tornasse realidade, destacou-se a importância de montar, manter, ouvir e fazer participar um time capaz, que trabalharia unido nos mesmos desejos, compartilhando da mesma visão estratégica. Isto é, desde o começo, a Presidência cercou-se de profissionais competentes, com os mesmos objetivos, capazes de se garantirem em todo lugar e nas melhores empresas do mundo.

A Estrutura Interna da CBV

Este foi portanto um processo de *team-building*, de formação e desenvolvimento de equipes coesas, motivadas, integradas, honestas, animadas, ultracapacitadas e enérgicas, com características brasileiras. E de formação de times, certamente, todos os ligados ao esporte e o dirigente esportivo entendem como ninguém.

A todo momento é preciso formar novas equipes, seja para treinar, seja para participar de um campeonato. Então, o treinador, o *coach* e sua equipe de suporte adquirem, mais do que ninguém, uma tarimba, uma experiência toda especial para lidar com o desafio das escolhas ótimas de formação de equipes vencedoras.

Na área interna e de gestão, a CBV realizou três anos de investimentos em treinamento para a ISO; em formação acadêmica e no aprendizado de idiomas estrangeiros.

Aos atos de definir os atributos, as exigências, os desempenhos individuais e por equipes, a durabilidade e a capacidade de renovar-se e crescer sobre vitórias, que compõem a construção de modelagem de equipes, times e seleções, é que se denominou *Volteams*®.

O *Volteams*® atende pelo nome de Tecnologia de Construção de Equipes e Seleções. Corresponde a uma edição esportiva de ampla utilidade organizacional, que repõe no devido lugar as especificidades e exigências práticas requisitadas para a formação de equipes, seleções, times, parcerias, agrupamentos e unidades humanas eficazes e efetivas.

Neste sentido, o *Volteams*® ressuscita com garra a famosa frase: 'A pessoa certa no lugar certo'.

Nos tempos competitivos e seletivos atuais, tanto no vôlei quanto nas empresas com fins lucrativos e construtivos, a frase deve ser alargada. Segundo os voleibolistas, pode ser decantada da seguinte forma: 'A pessoa certa no lugar certo, na hora certa, com a tecnologia de ponta acertada, com a motivação de vencer com a equipe, e na empresa certa!'

Note-se que equipes esportivas apresentam desafios bem mais complexos que os encontrados em empresas industriais ou de serviços. Por conta de contusões, pancadas, baixo rendimento imediatamente perceptível em campo, e brigas que geram expulsões e punições diretas aos jogadores, estes são substituídos em ritmo elevado. E isto sucede antes, durante e após os jogos.

Então, os times devem estar sempre preparados para fazer substituições, acomodações, redefinições de posição dos seus jogadores e comissões técnicas, para continuar jogando e ganhando. Esta mobilidade extraordinária é uma característica única do esporte. Assim, a escolha dos membros de equipes técnicas e de jogadores exige um saber, uma tecnologia toda especial. Essa tecnologia é desenvolvida pelo *Volteams*®, que antecipa as capacitações por jogador, equipe, seleção, sexo, origem, suporte técnico, e associa estas variáveis, entre outras, para gerar times vencedores.

Os times ou equipes são infinitos em sua configuração ou composição. Podem iniciar-se com duas pessoas e chegar a números gigantescos, como o dos torcedores. E podem ser homogêneos (gente da mesma geração, idade ou ramo de especialização) ou heterogêneos (gente compondo o grupo com diferenciações como especializações profissionais variadas).

Partiu-se de um pressuposto no qual a reciprocidade e a lógica da mutualidade reflexiva agregariam valor, duplicando, multiplicando por quatro, a seguir, e então por dez e seis, em ritmo geométrico e exponencial, a vantagem de atuar no vôlei e, em particular, sob a estrutura da CBV. 'Como a CBV envida todos os melhores meios reais, éticos e qualitativos, para alcançar o sucesso permanente no esporte, ela quer consigo todos que desejam amar e praticar o vôlei, e assim atrai a excelência. E porque a excelência atua através das pessoas e dos melhores times, promove-se a excelência da CBV. Como conseqüência, gera-se o fenômeno crescente da bola de neve, pois todos querem agregar-se a projetos vencedores. Estes, por sua vez, gozam do crescente apoio que recebem dos melhores meios e produzem os melhores e mais sonhados resultados.'

Note-se que a empresa há de saber combinar com mestria o conjunto de fatores de produção, ou um time de insumos, enquanto a sociedade há de se motivar pelos ganhos potenciais que lhe são sinalizados pelas crescentes, numerosas e retumbantes vitórias.

Foram criados dois tipos de times gerenciais. Primeiro, o interno, da CBV, que é absolutamente fundamental para carregar e dar suporte efetivo, operacional, às unidades de negócios e aos seus projetos, e que está sempre presente em todas as atividades e etapas do processo de produção esportiva. E, paralelamente, em regime terceirizado e freqüentemente informal, o externo, para produzir complementos vitais e apoio aos projetos, assim como para ajudar na qualificação do ajuste dos pensamentos e das mobilizações político–institucionais e estratégicas, na medida em que cresce a efetividade e a realização dos sonhos, já tocando a terra e a realidade.

Então, na medida em que os debates geravam o amadurecimento interno do conceito de vitórias, de programações, de composições de equipes desejadas e de matérias afeitas à otimização do vôlei, surgiu o GEED® — Modelo de Gestão Estratégico Esportivo Desejado, um modelo criado pelo vôlei brasileiro, que serviu e atualmente serve como a coluna mestra, a espinha dorsal do processo que guia a forma com que se atingem as visões presidenciais pretendidas, e antes elucidadas.

A CBV passou, a partir da presidência, e com o apoio dos gerentes das UENs, a desenhar os componentes genéricos e específicos, do próprio segmento esportivo, que compõem o GEED®.

O GEED® faz parte da tecnologia de ponta avançada de modelagem e organização, que é propriedade exclusiva e patrimônio da CBV.

O fundamento do GEED se baseia em várias planilhas que, integradas, visam responder às seguintes perguntas em termos empresariais, institucionais, operacionais, legislativos e arquiteturais/estruturais. O que somos? O que queremos? O que temos? O que podemos? De que precisamos para corresponder às expectativas e superá-las? E o que seremos?

Esta modelação foi elaborada por todos que participaram do ato de tornar o vôlei do Brasil o que ele é, ou seja, campeão mundial e olímpico.

Vejamos, a seguir, os princípios do MRCE® – Método dos Resultados Crescentes de Escala.

Partiu-se do princípio de que o ser humano não deve se dar por satisfeito ao alcançar um nível, por melhor que ele seja. Nesta concepção, os pensadores do vôlei do Brasil consideram que falta mais uma escada na linha de ascensão das motivações e necessidades humanas descritas, por exemplo, na escala da psicologia industrial, de Maslow.

Segundo Maslow, o ser humano quer satisfazer, em primeiro lugar, suas necessidades básicas, até chegar à quinta etapa: a auto-realização. Concordou-se com as bases desta escadinha, contudo notou-se que faltou afirmar que, segundo esta visão esportiva, 'o ser humano é um ser social e, ao se auto-realizar, quer realizar-se também, e cada vez mais, em grupo. Ademais, cada geração vive o afã e a vontade indômita de superar as gerações anteriores, para demonstrar que é melhor, mais capaz de fazer e transformar o mundo, e demorará cada vez mais tempo para ser suplantada por novas gerações, muito embora isto vá ocorrer, mais cedo ou mais tarde'.

O segundo princípio é o da mudança perene e crescente das estruturas de gestão e de organização. Entendeu-se que a inovação tecnológica empresarial, esportiva, de saúde, de infra-estrutura e de telecomunicações é tão rapidamente assimilada e assimilável nas organizações modernas que sua atuação há de aceitar e basear-se em plataformas móveis, virtuais e descartáveis. Logo, as UENs trabalham sobre projetos e eventos formando uma equipe firme sobre plataformas mutantes e virtuais. Isto nos leva ao conceito de *company* e *home-offices* virtuais mundiais, em tempo real, conexos por micros, telefonia e sistemas de satélites, que se relacionam segundo o desenho de cada nova oportunidade de negócio ou de evento vislumbrado e confirmado por um gestor ou pelo presidente.

O terceiro princípio partiu para uma ousadia maior, desafiando definições e pensamentos consagrados de economia. Entendeu-se que o ótimo bem-estar grupal é possível de ser alcançado positivamente, se cada um dos agentes do mesmo projeto, mesmo que sejam milhares e milhões, forem racionais, tanto no plano individual quanto no coletivo, visando, por unanimidade, alcançar um macroobjetivo único.

Normalmente, diz a teoria microeconômica, estimulada por pensamentos de Kenneth Arrow[11], que pode haver racionalidade nas decisões individuais, mas, quando mais de duas pessoas se juntam, o resultado de um processo decisório sujeita-se a outras variáveis e condicionantes, podendo sair um resultado diferente, não racional aos olhos de um indivíduo. Logo, seria aceitável contentar-se com o *second best*, ou seja, um ponto abaixo e menor que o ótimo, mas ainda assim razoável para os menos competitivos e aqueles que se satisfazem em progredir, sem serem os campeões do bem-estar.

Ora, nesta visão do vôlei, aceitar que inexistam decisões comuns e racionalidades adotáveis para toda a população é uma incapacidade de saber negociar, comunicar e estabelecer interesses comunitários. Aceitar a impossibilidade é contentar-se com pouco, é sujeitar-se à mediocridade e ao comodismo. Daqui a pouco, alguém proporá ficar ante as soluções e alternativas oferecidas por um projeto, ficar no *third best*, e assim por diante.

Para o vôlei, o bem-estar se traduz de numerosas formas. Entre elas, destaca-se a de vencer e estar em primeiro lugar em praticamente todos os torneios. Ser campeão agrada, faz bem ao ego e ao bolso, renova os espíritos e os contratos, e chama a atenção do mundo, que quer ver e conferir porque as jogadoras e os jogadores brasileiros são tão fantásticos.

Daí discordar-se do teorema da impossibilidade de Arrow. Pelo contrário, partimos do princípio de que tudo é possível, e que Arrow sofre de hermetismos históricos, do passado, aceitáveis para as circunstâncias do momento em que montou o teorema, mas que são solucionáveis e democraticamente estabelecidos. Não se necessita de agentes ditadores, necessariamente, para direcionar com força o bem-estar ou o processo de escolhas de uma comunidade.

Então, frente ao princípio do vôlei, um dirigente que compreenda profundamente os anseios de seus eleitores — atletas, treinadores, dirigentes, torcedores, empresários — pode propor e desenhar uma visão de bem-estar que, aceita após negociações de todos, representa a unanimidade de se alcançar determinada meta. O grupo avança unido, sem mais pensar em pequenas vantagens pessoais, para obter um ganho grande, agregado, notável, que por sua vez gera os ganhos de reconhecimento amplo e social, financeiro e econômico, e de correta alocação de recursos que beneficiam no plano individual.

Os ganhos de escala são imprescindíveis para a obtenção de mais vitórias. Uma vitória apenas, em um torneio, não basta nem interessa. Ela perde valor quando acontece.

Por isso, é papel da presidência e de suas equipes operacionais criar uma função de produção em série de vitórias em todas as modalidades que o esporte aceita, de tal forma que se gere uma série de glórias em ritmo crescente, regular e permanente.

De acordo com este quarto princípio, o que importa é a escalada das vitórias. O restante vem naturalmente, espontaneamente, e gera o movimento de transformação que se traduz na evolução de economias de escala crescentes e a simultânea transformação das tecnologias do esporte.

Pelo quinto princípio, entende-se que ser campeão e líder é natural e corresponde a uma necessidade humana essencial. Mais ainda: é válido nos planos individual e de uma comunidade. Logo, é meta e interesse das pessoas serem as melhores e alcançar o pico do sucesso e do reconhecimento. Isto inclui o auto-reconhecimento e o reconhecimento global, mundial, de que uma comunidade é a melhor ou tem os melhores esportistas, em algum momento da história, em face de toda a humanidade.

Muito embora este princípio ponha em cheque o pensamento brilhante do patrono das olimpíadas modernas, o barão de Coubertin, que proclamou 'o que importa não é vencer, é participar', e passados mais de 100 anos desta frase, ela é passível de revisão.

Para os voleibolistas campeões mundiais, 'o que importa é vencer sempre, com humildade, ganhando em todas as modalidades existentes, para demonstrar que todos os limites de excelência podem ser sempre suplantados, o que magnifica em ritmo crescente o ser humano ao participar com *fair-play*'.

Quando um recorde é alcançado ou está prestes a ser superado, pensa o vôlei, é preciso estabelecer um novo quadro e uma nova agenda de desafios, para excitar e emocionar crescentemente o ser humano, mostrando que ele é capaz de superar os próprios limites e os do momento.

Longe da afirmação de que não se está satisfeito com as glórias alcançadas, o que se propõe é não se acomodar, jamais! Incentiva-se a degustação e o apreço das glórias alcançadas, a sua digestão com alegria e cantoria, declamando aos quatro ventos o ápice que se atingiu,

Estratégia Empresarial

e, ao mesmo tempo, em um desafio global, a todos os cidadãos do mundo perguntar, ousadamente: Vocês estão preparados para aceitar e superar este novo desafio? Nós já suplantamos o anterior!

Existe cobrança contínua e crescente de resultados. Estes são monitorados e cobrados, o que é fundamental.

No sexto princípio, o vôlei brasileiro entende que é preciso superar as superações. As pessoas se sentem comprometidas com novas metas, e os torcedores ficam curiosos, envolvidos com o interesse de saber se novos desafios podem realmente ser ultrapassados, de que forma e em quanto tempo.

A superação de metas, objetivos e estágios em que se encontra uma atividade, deve contar com a invenção própria e a adoção de tecnologias esportivas e vinculadas ao esporte, que sejam de ponta.

Por esta razão, criou-se o Centro de Voleibol de Saquarema, único no mundo em seu gênero, onde as comissões técnicas, os atletas e os membros ativos da comunidade debatem a evolução de seus partícipes e podem emitir proposições que, se bem embasadas, são adotadas e geram mais saber, mais conhecimento, mais infra-estrutura, enfim, melhor tecnologia de desenvolvimento esportivo.

Ao ato de gerar estes elementos denomina-se Tecnologia de Produção de SuperVoleibolistas — SuperVols®. A presidência envida todos os meios para viabilizar a construção deste modelo e prover os recursos que capacitem os voleibolistas a disporem, por meio de treinos evoluídos e extenuantes, de *superpoderes*.

Parte-se do princípio de que todos são feitos de carne e osso. Inexistem, prontos e sempre, um *superman* ou uma *superwoman*. Contudo, com muito mais apoio para treinos, com a descoberta de aptidões, com o uso do esforço pessoal para mais treinos, e com a adoção de tecnologia, é possível fazer desabrochar em tempo curto todo o potencial e a capacitação de um atleta ou de uma equipe. Assim, chega-se ao máximo aproveitamento dos talentos.

E, nessa hora, quando após meses de treinos os voleibolistas e seus times vão a campo, em razão de seus esforços eles se superam e escalam o Olimpo, virando nas arenas do momento nossos heróis do esporte, verdadeiros super-homens e supermulheres.

Para o SuperVols®, contam fatores como sexo, idade, altura, peso, capacidade de impulso, resistência física atual, por exemplo, por atleta e por membros de uma seleção. Dispondo-se dos dados atuais, define-se o que se exige de cada atleta e seleção em data predefinida, e atua-se para alcançar estas metas com a melhor tecnologia adaptada ao vôlei.

A junção e a combinação destes princípios estabeleceram uma nova macrodiretriz e um novo estilo presidencial. A disseminação e a explicação destes princípios, ao longo de anos a fio, a muitas gerações de atletas envolvidos com o vôlei brasileiro, constituiu-se em desafio enorme, complexo e sumamente difícil de ser realizado à primeira vista.

Mas foi conseguido e com lauréis e reconhecimento internacional!

Na medida em que o tempo foi passando, em fazer do vôlei O ESPORTE, o formato deste modelo reluziu melhor. E isto permitiu que ele fosse desenhado e detalhado na sua forma mais acadêmica, graças aos pensamentos gerados por todos aqueles que se consagraram de corpo e alma, com inteligência, criatividade, obstinação, ousadia e astúcia, à geração do voleibol, entendido como esporte, espetáculo, fator de bem-estar social e negócio.

Portanto, os modelos que transcorrem deste trabalho esportivo são decorrentes do *know-how* desenvolvido em gabinetes, escritórios, arenas, pistas, salões de malhação, ginástica e treinos, e quaisquer lugares por onde os times do voleibol, na acepção mais ampla da palavra, tenham passado e estejam passando. Por tal razão, esta tecnologia é de propriedade exclusiva da CBV, pois por ela e para ela foi desenvolvida. A CBV gerou as pré e pós-condições ideais, para que se inventasse um modelo de gestão que serve a toda empresa, a toda organização, e que foi e permanece sendo testado continuamente na CBV.

Naturalmente, utiliza-se o que já foi elaborado com denodo e cientificismo em outras organizações, empresas e academias. Neste caso, juntam-se a experiência e a modelagem adquiridas na ação direta empreendida por meio do vôlei brasileiro.

Esta tecnologia diretiva e estratégica pode ser compartilhada com o mundo empresarial, tal como se faz agora com este texto. Ela foi pensada, moldada, modelada, testada e posta a serviço. Pode ser aplicada em todas as empresas que ambicionem a Arquiexcelência.

Este termo, Arquiexcelência®, foi cunhado para designar um estágio tão avançado de excelência, de supremacia e de avanço tecnológico em seu setor, que além de referência para todos, é referência para si mesmo. Contudo, olhando-se e respeitando-se os concorrentes.

A distância que separa o melhor do segundo posicionado é tão grande que o melhor é dominante e está isolado, sem ver sequer ameaças em quem possa competir com ele.

A Arquiexcelência® é uma suprameta, que pode e deve ser almejada e alcançada por todos os que queiram estabelecer o máximo bem-estar para si, uma empresa, uma comunidade ou a favor da humanidade.

Com método, diligência e responsabilidade, pode-se erigir uma obra cujos pilares sustentem o ato de superar os objetivos estratégicos que se acordaram.

Enfatiza-se, contudo, que assim como é fácil cair do topo, também, quanto mais alto é o pico da montanha maior é a queda potencial. Então, é de bom alvitre estabelecer objetivos factíveis e realizáveis, calibrando os interesses e as capacitações de todos os agentes, antes que sejam dados saltos que impliquem em movimentos de alto risco, com efeitos danosos e não desejáveis.

Ademais, ao atingir-se a Arquiexcelência, por ser a empresa ou o projeto vencedor único em seu setor e no mundo, surgem potenciais problemas de ego que merecem ser bem controlados e monitorados. Nesta altura, pelas suas superações, a empresa é referência (*benchmark*) para si mesma.

Logo, ela passa a beber da própria fonte. E, ao ver refletida na água a sua imagem, pode achá-la bela e insuplantável. Aí reside o maior perigo da evolução, que já afogou Narciso, com sua vaidade e orgulho de se achar belo demais.

Com o sucesso alcançado, e os resultados comprovados pelo vôlei do Brasil, acredita-se que este modelo tem a amplidão de servir para projetos de sucesso máximo no setor público e privado e em corporações e empresas de todo tipo.

Portanto, políticas públicas podem adotar estas ferramentas que a CBV desenvolveu, para maximizar os benefícios de projetos públicos, em quaisquer níveis, com elevada racionalidade em relação aos custos.

E as políticas empresariais, BOPs® – *Business Oriented Policies* , ganham impulsos descomunais que geram resultados e lucros rapidamente comprovados, com a utilização destas ferramentas pelas mãos adequadas de executivos e gestores talentosos e não apenas de ex-atletas famosos.

As BOPs® são estabelecidas como o marco político e decisório, que define as estratégias da empresa. A ótica adotada é de Ação Executiva e Decisória para Resultados Crescentes. Entende-se que um *business*, ou negócio, é aquela atividade que, ao gerar produtos e serviços, remunera positivamente os agentes que os produzem, satisfazendo suas exigências de benefícios sociais e de retornos empresariais.

As BOPs encontram timidamente, no tradicional modelo de APO – Administração Por Objetivos, o seu próprio modelo, posto que este é mais bem estático. Ele propõe objetivos temporais, com revisões regulares, quase burocráticas e rotineiras. As BOPs partem do pressuposto de que o que importa é a capacidade autônoma de auto-sustentação e de mobilização proativa, inclusive absorvendo a positividade de externalidades positivas, e antecipando-se a efeitos macroambientais negativos. E que os objetivos, quando alcançados e previsivelmente alcançáveis, hão de ser revistos vigorosamente, para a cobrança de desafios superiores.

12.1.1.1 Gestão na CBV

Inventar a roda não faz sentido.

A humanidade, com bom senso, sabe acrescentar ao conhecimento das gerações anteriores novas camadas de saber. Isto gera refinamento e maior capacitação.

No plano empresarial, executivo e de comando, a CBV procurou atuar de tal forma, que viesse a utilizar o que de melhor funciona no mercado, adaptando criativamente para si a gestão oriunda das organizações, com a adição dos essenciais elementos do esporte.

Desta forma, o que as organizações modernas concebem como produtivo e relevante é absorvido pela CBV, submetido à adaptação necessária para a otimização de atividades esportivas.

A gestão há de servir para coordenar, controlar, concatenar, integrar e mobilizar adequadamente os recursos da empresa. Na CBV, a gestão há de evoluir com estas metas, com uma concepção estratégica e de longo prazo, mediante UENs – Unidades Estratégicas de Negócios.

Estas UENs possuem autonomia própria, funcionam de forma descentralizada, mas se reportam obrigatoriamente à presidência, por meio das superintendências.

Portanto, os processos decisórios por UEN admitem e incentivam a operacionalização das atividades dentro de um ano do calendário gregoriano, aceitando-se que o prazo dos projetos de cada UEN possam sofrer encurtamentos ou alargamentos de prazo.

Se projetos são concluídos antes e a contento, novos projetos podem ser acrescidos às metas prévias, para aumentar os resultados de um ano.

Isto significa que se monitora a tendência de evolução e de sinalização de benefícios e lucros de cada UEN e de cada projeto no agregado e individualmente. E busca-se a taxa de velocidade de formação da razão benefícios (B) mais lucros (L) sobre custos (C) e investimentos (I), dado pela expressão $((B + L) / (C + I))$, a mais alta e crescente, tanto no volume quanto na taxa de velocidade de evolução.

Se a primeira derivada da expressão anterior mostra-se positiva, crescente e atraente, investe-se, faz-se o projeto e divulga-se ardorosamente seu resultado, para obter apoio e evolução. Se a primeira derivada da expressão revela-se negativa, fazem-se os ajustes neces-

Estratégia Empresarial

sários nos projetos institucionais e obrigatórios, para que pelo menos se respire e se saia do prejuízo, mas, se este perdurar, o projeto poderá ser encerrado.

A seguir, apresentamos as áreas e unidades de trabalho da CBV, onde ocorre a produção dos serviços, eventos e elementos que geram o voleibol, tal como ele é conhecido do grande público.

12.2 UEN – Unidade Estratégica de Negócio

As UENs correspondem ao estabelecimento no qual se desenvolvem atividades típicas e específicas afeitas à produção do voleibol e à sua otimização em longo prazo.

Otimização significa dar lucro e resultados claros, reconhecidos como de excelência. E cada UEN pode atuar como um centro empresarial, no qual a iniciativa parte de si mesma, para gerar uma capacitação e uma mobilização significativa, que torna o vôlei seguramente muito bem-sucedido.

Ao todo, a CBV criou e dispôs de cinco UENs, até meados de 2005, para consolidar e tornar reais os seus propósitos: a UCN — Unidade de Competições Nacionais; a US — Unidade de Seleções; a UE — Unidade de Eventos; a UVP — Unidade de Vôlei de Praia; e a UVV — Unidade VivaVôlei.

Juntas, estas cinco UENs compunham uma estrela de cinco pontas, em cujo centro localizava-se a presidência.

A partir do segundo semestre de 2005, as UENs passaram a ser chefiadas por superintendentes. Criou-se uma sexta unidade e superintendência, a administrativa.

Cada UEN reporta-se à presidência, para dela obter recursos, apoio e orientação aos projetos desenvolvidos por unidade. Enquanto um gerente de UEN se sentir confortável em agir e tenha mensurado bem os riscos afeitos à sua atividade, lhe é atribuído um bom grau de liberdade de decisão.

Todas as UENs atuam em favor do mesmo macroobjetivo estratégico. Mas as suas atividades específicas são bem diversificadas e exigem especialização. Desta forma, as UENs agem paralelamente, sobre suas atividades específicas, e evita-se a redundância ou a repetição de atividades por duas ou mais unidades.

Ao longo dos anos, cada UEN desenvolveu tecnologia própria, método de trabalho, *trade secret, know-how* e *savoir faire*. E este saber precioso, genuinamente brasileiro, concebido para as necessidades do esporte, do vôlei e das empresas em geral, é um dos patrimônios mais preciosos e importantes da CBV e de suas equipes administrativas e gerenciais.

Vale lembrar que, segundo a especialista em propriedade de indústria, Dra. Elisabeth Kasznar Fekete, tecnologia 'abrange um conjunto de conhecimentos sigilosos ou não, patenteados ou não, sendo usados também, em sentido mais amplo ainda, universal, para significar todo o estado da arte, o estágio de desenvolvimento técnico e comercial dos setores em geral'[12].

12.3 Gerência

A gerência da CBV é exercida por um superintendente de alto nível, em cargo destacado e importante, exatamente como se ele fosse o executivo operacional — chefe de uma empresa competitiva do setor privado.

Para apoiar as UENs, a superintendência detém as atividades de suporte, que atuam como setores, assim como os de finanças, caixa e tesouraria, contabilidade, sistemas de qualidade, patrimônio, marketing, publicidade, jornalismo e contato com a mídia, e jurídico, entre outros.

Segundo as necessidades de cada UEN, e de acordo com as possibilidades e disponibilidades de cada setor, avaliadas pela gerência, são definidos e dispostos com prontidão os seus serviços.

Em função desta atribuição, capaz de deter ascendência sobre cada setor, a superintendência administrativa possui uma excelente visão geral dos macroprocessos empresariais, das funções, dos microprocessos e das rotinas operacionais. Isto permite que a equipe desta área atue e interceda com rapidez e eficácia a cada pedido da presidência e das UENs, já que sabe o que ativar e onde se encontram os fatores de suporte que resolvem cada necessidade.

É interessante observar que a superintendência possui, evidentemente, um titular que move os setores e sabe dar a ignição e cobrar todos os elementos operacionais, funcionais e jurídicos que se fizerem necessários na CBV. E isto também ocorre porque, ao lado dele, atua um assessor de alto nível, forte em tecnologia de informática, que se debruça em tempo integral e real sobre todos os setores, monitorando os seus resultados, desempenhos e necessidades, diariamente.

Estratégia Empresarial

Desta forma, a administração detém controle profundo e significativo da empresa, ao monitorá-la com dados que logo se transformam em informações preciosas para o processo decisório.

Esta capacitação dá segurança à gestão da companhia, que pode mais prontamente executar suas atividades operacionais e geradoras de resultados esportivos, econômico-financeiros e de alta visibilidade na mídia, por meio das UENs.

Para funcionar corretamente, tanto a presidência quanto os gestores das unidades estratégicas estruturaram e puderam contar com um sistema adequado de formação de instrumentos de gerência. Nos tempos modernos, isto significa que, com o apoio de especialistas externos, foram feitos os alicerces da estruturação organizacional adequada; os desenhos e identificações de macroprocessos, microprocessos, rotinas e passos de trabalho; os mapas de atribuições e responsabilidades por UEN e por indivíduo; e os sistemas de atuação integrada, para mover toda a máquina administrativa.

Surpreendentemente, uma empresa bem enxuta e aparentemente pequena, como a CBV, dispõe de planilhas eletrônicas e de programas de computador feitos sob medida, com todos os detalhes contidos na gestão avançada dos esportes, em um piscar de olhos. Muito bem preparados, os gestores criaram planilhas padronizadas, que interagem entre si e se prestam à tomada de decisões com velocidade.

Embora não corresponda a um roteiro exclusivo e único da CBV, a pesquisa mostrou que no convívio de todos os colaboradores existe uma grande lógica, bem ordenada e seqüenciada — embora o assunto seja adaptável por empresa, caso a caso — nas suas atividades. Ela será apresentada a seguir, em forma de tópicos que formam um roteiro de trabalho qualificado.

No menu de ações da empresa, constam:

- A definição de padrões de desempenho e de excelência;
- A cobrança e o controle dos padrões de desempenho e de excelência em regime de tempo contínuo e permanente;
- A identificação dos potenciais;
- A verificação detalhada das necessidades;
- O cruzamento do potencial — de esportistas, de atividades, de negócios etc. — com a oferta de necessidades e a avaliação da capacidade de suprimento;
- A avaliação e o estabelecimento das melhores formas de suprimento de bens e serviços;

A Estrutura Interna da CBV

❖ A identificação contínua de possíveis gargalos e sua supressão, eliminação e antecipação;

❖ O investimento em educação e treinamento. Habilitar-se é aprender, aprender e aprender, e treinar, treinar e treinar, cada vez mais;

❖ O estudo e a pesquisa de formas de tornar-se mais efetivo, mais competente, mais eficaz e mais presente;

❖ A busca permanente de presença na sociedade;

❖ A busca do sucesso permanente, visto com humildade, mas uma necessidade básica e também essencial, que assegura o progresso. Ser bem-sucedido não é um tabu, é a prova das competências pessoais e de grupos que sabem interagir;

❖ A forma de identificar e praticar a melhor liderança;

❖ Valorizar o ato dos líderes atuais e futuros, descobrindo os valores jovens, que prometem grande futuro;

❖ A promoção da efetividade pessoal e grupal;

❖ A busca, pela presidência e as gerências, de formas de inspirar e transmitir excelência;

❖ A gestão permanente de pessoas, baseada em tratamento equânime, motivador e atencioso, que eduque e traga todos aos mesmos interesses comuns;

❖ A administração das diferenças, das decepções, das margens de espaço a fatores de descontentamento, com diálogo e abertura de espaço para negociações internas;

❖ A discussão sobre fatores de sucesso e de crise, com busca de superação;

❖ O reconhecimento, a premiação, a glorificação dos colaboradores;

❖ A formação de equipes e de times vencedores;

❖ Compreender as necessidades variadas das equipes de trabalho, oferecer a elas o suporte necessário, para torná-las eficazes;

❖ Fazer acontecer no trabalho o resultado esperado;

❖ O refinamento, a capacitação e a modernização dos atos gerenciais e de acompanhamento de cada atividade;

❖ A gestão dos projetos da organização;

❖ A definição da rota de sucesso de um bom projeto;

❖ A aceitação, a rejeição ou a postergação de um projeto;

❖ A definição de o que fica com quem, ou o esquema de repartição do bolo;

❖ O balanceamento das entregas por área de especialização;

Estratégia Empresarial

▸ A mensuração da capacidade de ação de uma UEN, para oferecer-lhe atuação apropriada e evitar afogamentos por falta de fatores — pessoal, tempo, dinheiro, o que for;

▸ O pensamento estratégico sobre os esportes em geral, os segmentos que o constroem e as relações macroinstitucionais que o compõem;

▸ O pensamento estratégico interno, para evoluir coordenadamente e com alto índice probabilístico de sucesso;

▸ Análise situacional. Diagnóstico da organização, no plano esportivo, mercadológico, tecnológico, financeiro, educacional, e áreas complementares afins;

▸ O grupo estratégico e o planejamento da estratégia;

▸ A definição de táticas de trabalho na CBV, seja internamente, seja externamente;

▸ A definição de táticas de trabalho na atuação esportiva;

▸ O diálogo, a comunicação, o ato de inserção de membros nas equipes, para formular uma estratégia compreendida de jogo e de táticas acertadas e preparadas previamente, a cada jogo, em cada local, sob cada condicionante;

▸ A implantação da estratégia;

▸ A identificação da estrutura ótima de capitais;

▸ A identificação dos bancos parceiros;

▸ A otimização das operações de caixa e de tesouraria;

▸ O provimento de recursos para atividades rotineiras e de investimento;

▸ O diálogo e a negociação com os patrocinadores institucionais;

▸ A compreensão dos objetivos do patrocinador e formas de atendê-lo;

▸ A busca de fontes de recursos no Brasil e no exterior;

▸ A busca de relações e de meios de se obter recursos múltiplos para viabilizar o vôlei de uma perspectiva permanente de longo prazo;

▸ A geração dos orçamentos;

▸ A compatibilização dos orçamentos e a sua execução;

▸ A apresentação de dados à contabilidade e à auditoria;

▸ O monitoramento dos orçamentos;

▸ A formação de encontros internos gerenciais de trabalho, para integração das UENs;

▸ A formação de medidas práticas de marketing esportivo;

▸ A geração de notícias bem fundamentadas, para alavancar o esporte;

▸ A divulgação de fatos marcantes através da mídia;

A Estrutura Interna da CBV

▮◆ O estabelecimento de relações e contatos com todos os meios de comunicação, para gerar um clima sempre amigo, construtivo e feliz;

▮◆ A busca de novos contatos e patrocinadores, por meio do marketing, da propaganda, das malas-diretas, do relacionamento direto;

▮◆ O atendimento aos atletas;

▮◆ O atendimento às federações;

▮◆ O relacionamento e o apoio às federações, uma vez delineadas as suas necessidades;

▮◆ Meios de gerar empatia com o grande público;

▮◆ O atendimento dos clientes, por área e por UENs;

▮◆ Preparando os calendários dos jogos;

▮◆ Preparando os calendários para as atividades internas;

▮◆ Avaliando o desempenho antes, durante e depois de cada campeonato;

▮◆ A montagem de eventos, de shows e de espetáculos movidos a vôlei;

▮◆ O acompanhamento dos eventos e dos acontecimentos de cada UEN, pelas UENs;

▮◆ O cliente em primeiro lugar, o vôlei no pódio em primeiro lugar;

▮◆ O foco e a formação de imagem dos atletas, treinadores e profissionais;

▮◆ O foco e a formação da imagem institucional da CBV;

▮◆ Agendas, entrevistas, encontros, seminários;

▮◆ Quem fala, como fala: treinos e conceitos básicos;

▮◆ A construção de relações firmes e duradouras;

▮◆ O que pega, ao se perder o cliente;

▮◆ A maximização da publicidade esportiva;

▮◆ O foco diferenciado da publicidade esportiva;

▮◆ Para quem serve a imagem do vôlei. Quem quer vôlei;

▮◆ Desenvolvimento de estratégias de oferta mercadológica de vôlei;

▮◆ Identificação da tecnologia de informação adequada ao vôlei;

▮◆ Construção e manutenção, revisão e reforço da tecnologia de informação do vôlei;

▮◆ Banco de dados e geração de informações em tempo real para o processo decisório do vôlei;

▮◆ Gestão da tecnologia da informação do vôlei;

▮◆ Como se adequar e lucrar com a Internet;

▮◆ A rede de distribuição eletrônica e a CBV como provedora de dados;

▮◆ Os sistemas de registros;

Estratégia Empresarial

- ◆ O sistema de jogos;
- ◆ O sistema de arbitragem;
- ◆ A integração dos sistemas e das UENs;
- ◆ O sistema de viagens;
- ◆ O sistema jurídico e de otimização de contratos, convênios e afins;
- ◆ A otimização das atuações por meio de *e-mails*, *e-business,* e *e-meetings*;
- ◆ Outros

Como se pode apreciar, as atividades de gerência são numerosas, extensas e complexas. Elas não se esgotam com a listagem apresentada, que embora representativa modifica-se com o passar do tempo, pelas mudanças naturais às quais é submetida toda organização.

O importante é ter em mente que a empresa é um ser vivo, movida por gente que espelha as atividades do grupo de pessoas que a forma, e que é sujeita às pressões macroambientais. Então, a transformação e a mudança são o moto-contínuo da organização e ela há de estar preparada para a transformação.

Ao dispor de um conhecimento temático prioritário, e ao empreender o ato de abordar cada assunto, a empresa delineia e define com maior grau de sucesso o seu caminho futuro, dando a si mesma maiores chances de evoluir com progresso e harmonia.

O esporte bem praticado e ultra bem-sucedido é o propósito final da CBV, para dar alegria e sensação de realização aos seus atletas e patrocinadores. Mas, para que este sucesso aconteça, é preciso ter e dispor de ótimos gerentes e colaboradores, para que, com discrição, silenciosos, eles acionem e movimentem toda a máquina, de forma a dar motricidade à atividade esportiva.

Enquanto na ponta se realizam os jogos, por trás de cada um deles há um marcante e pensado esforço de promoção e ativação do esporte.

O importante é que tudo pareça, ao público e aos atletas, perfeito, bem acertado, sem erros e contratempos. É como se tudo fosse tranqüilo e evoluísse com naturalidade, e fosse fácil e óbvio demais realizar os afazeres de apoio.

Contudo, o trabalho de base, de apoio, é árduo, sumamente detalhado e cheio de exigências e imprevistos de última hora. Seja diretamente, seja aquele executado pelo pessoal terceirizado, pelos membros das gerências e pelos colaboradores administrativos da CBV, trata-se de uma realização preciosa, que acaba por gerar os resultados tão desejados do vôlei.

12.4 UCN – Unidade de Competições Nacionais

Para visualizar melhor e rapidamente os mais importantes elementos que caracterizam uma UEN, um setor ou atividade marcantes, a CBV utiliza diagramas de processo.

O expediente que vem a seguir é para mostrar, em resumo, com comentários adicionais, as atividades afeitas e delegadas a cada área.

O diagrama de processo padrão da CBV é utilizado por todos os colaboradores e representa uma forma bem eficiente de se destacar a missão por unidade, mostrando o que se faz, com que se faz, e qual é o propósito das atividades. Ele delimita com clareza as responsabilidades, as relações e as áreas de influência de cada unidade operacional, o que reduz as dúvidas sobre as atribuições organizacionais e dá foco às atividades em geral.

Um típico diagrama de processo conta com a descrição sumária dos seguintes assuntos:

Missão — o que se espera da unidade, para que ela contribua para a missão — razão de ser maior da empresa;

Atividades — descrição das principais responsabilidades, ações e projetos que estão nas mãos da unidade;

Recursos — são os fatores de produção com os quais se há de contar na unidade ou setor, para que cumpra satisfatoriamente seu papel;

Clientes — são aqueles que, dentro ou fora da CBV, requisitam seus serviços e produtos;

Fornecedores — são as unidades, os setores internos da CBV e as empresas de mercado, que fornecem seus serviços e produtos, criando as bases da cadeia de suprimentos;

Insumos — correspondem às matérias-primas ou a fatores que são necessários para gerar adequadamente os serviços e os produtos propostos pela unidade ou setor;

Produtos — são os serviços, bens, ou *outputs*, que foram gerados;

Medição do Produto — mede-se utilizando os indicadores de desempenho, para se ter uma ou várias medidas de produtividade da unidade ou setor; e

Medição do Processo — visa verificar se o ato produtivo é bem empenhado, e usam-se calendários, planilhas de controle e monitoramento, para manter uma rota de desempenho, ou alterá-la enquanto é tempo.

Cabe à UCN – Unidade de Competições Nacionais — contribuir para o desenvolvimento do vôlei no Brasil, de forma a se obter ganhos de natureza esportiva e financeira a favor da CBV. Esta afirmação pode ser apreciada no Diagrama do Processo da UCN, em particular no centro alto da planilha, onde se descreve a missão da unidade.

Esta leitura e padronização ocorrerão ao longo do texto e em todas as seções que se seguem, para facilitar a leitura e a compreensão das atividades e dos interesses da CBV, na qualidade de empresa.

As atividades destacadas pela UCN são oito, e relacionam-se à viabilização dos programas e atos que garantem a realização das competições no país. Incluem a elaboração do calendário, o planejamento das competições, a inscrição dos clubes nas competições, a elaboração das tabelas das competições, a divulgação das competições, a elaboração do *ranking* de atletas, a verificação das condições de jogo de cada atleta e a ação da comissão técnica para cada competição, e o acompanhamento dos jogos da competição.

Para executar todas estas atividades, a UCN precisa garantir e prover os meios. É por esta razão que, ao lado delas, faz-se a relação de clientes e fornecedores. Ao entrar em ação, que significa esforços e gastos financeiros, pergunta-se: O que se ganha com isto? Então, como que em cadeia, responde-se nas casas laterais, que mostram os produtos decorrentes, os insumos necessários, e a melhor forma de controlar o que se obtém e a forma de fazer — são as medições de produtos e de processos.

Os produtos podem ser a Superliga em si e seus jogos, a Liga Nacional, a Supercopa, o Vôlei Máster, a Liga Universitária, os campeonatos brasileiros de seleções; o *Grand Prix* Brasil e o Torneio Internacional de Clubes, entre os mais importantes eventos da UCN.

A organização anual disto tudo requer muito trabalho e sacrifício, pois tudo tem de estar muito bem disposto, a tal ponto que o público ache e pense que é natural, fácil e simples arquitetar e montar este fantástico elenco de supereventos.

Para poder montar os eventos, é preciso dispor de um insumo principal. São os dados que se transformam em informações e permitem que se tomem decisões estratégicas e medidas rápidas, conhecidas como táticas. Deter informações é essencial, pois planeja-se melhor e erra-se menos.

Para saber se é satisfatório o desempenho de uma competição nacional, é comum levantar o número de pessoas que foram a um ginásio ou a ginásios ao longo de uma série de jogos. Corresponde à medida de uma quantidade de público nos ginásios. Obviamente, quanto mais público comparece, melhor.

Evidentemente, há variáveis de medição que cada gestor pode aplicar, segundo o caso, para aferir mais e melhor cada situação. Depende de se desejar sofisticar mais ou menos, ou de se focalizar, por evento, aspectos como os de ordem econômica e financeira. Por exemplo, pode-se discriminar o público pagante e não pagante. E isto repercute no caixa da confederação.

A medição dos processos conta com a aferição e o acompanhamento do calendário nacional, para saber em que estágio do torneio ele está (inicial, intermediário, final ou concluído), ou quantos por cento dos jogos já foram ou serão realizados, e questões afins.

Em relação aos clientes, é imprescindível saber responder para quem são feitos estes esforços produtivos. Quem vai ganhar com tudo isto? A quem se vai agregar valor?

No caso, os clientes são as 27 federações estaduais, que compõem as entidades que participam dos jogos brasileiros e que querem ver brilhar seus maravilhosos atletas. E também os patrocinadores, que querem apoiar o vôlei, fazer um trabalho social de integração da comunidade e dos atletas, e ver seus produtos e serviços anunciados por um meio simpático e benquisto pela população brasileira.

Por fim, os que fornecem meios para a realização das competições nacionais são aqueles órgãos internos e empresas externas que permitem que se monte e se faça toda competição, jogo, evento ou elemento correlato. Os fornecedores estão envolvidos com a geração dos jogos e, portanto, dependem de uma boa assessoria de imprensa, para divulgar que haverá competições e detalhar onde, quem, quando, o que excita os patrocinadores, os torcedores e o mundo do esporte.

Para realizar o que o diagrama do processo resume em uma página, a UCN apóia as suas ações com atenção e espírito prático utilizando a planilha de Metas e Objetivos da Unidade, que faz parte do sistema de gestão da CBV.

Conforme mostramos a seguir, cada meta e cada objetivo são descritos de modo sintético, sendo detalhada, em seguida, a forma de operacionalizar as pretensões. Estas ferramentas são de uso generalizado na CBV, ou seja, cada UEN tem o seu ferramental e usa, como ponto de partida, uma base comum e padronizada que facilita demais o alinhamento estratégico das unidades, e a fala, a troca de ações e de movimentos entre elas, tendo em vista a organização.

Estratégia Empresarial

METAS E OBJETIVOS DA UNIDADE				
Objetivos Gerais	Indicador	Objetivos Específicos	Indicador	Meta
Aumentar a quantidade de clubes envolvidos	Quantidade	Manter os clubes atuais da Superliga	N. D.	10 no masculino e 10 no feminino
		Aumentar a quantidade de participantes da Superliga	N. D.	12 no feminino e 12 no masculino
		Consolidar os clubes novos da Superliga	N. D.	03 no feminino
		Manter os clubes da Liga Nacional	N. D.	45 no masculino e 25 no feminino
		Criar o Campeonato Brasileiro Universitário	N. D.	45 no masculino e 25 no feminino
Ampliar a presença de público nos eventos do calendário nacional	Quantidade	Consolidar plano de promoções para a Superliga	Apuração de público presente	Aumento de 20% no total
		Consolidar o trabalho dos suportes operacionais	Avaliação do esforço resultado	Reforço das ações atuais
		Criar estratégias para os campeonatos brasileiros de seleções	N. D.	N. D.
Ampliar a cobertura da mídia	Espaço em minutos e centímetros	Continuidade do contrato SporTV	Superliga	Transmissão de mais de 70 jogos
		Assinatura de contrato com TV aberta Rede TV	Superliga / calendário nacional	Transmissão de no mínimo 40 jogos
		Assinatura de contrato com TV Bandsports	Campeonatos brasileiros	Transmissão de 10 jogos

(continua)

O Grande Salto do Voleibol do Brasil

GINÁSIOS E ESTÁDIOS LOTADOS NO BRASIL E NO EXTERIOR. A PRESENÇA DA TORCIDA E A IMAGEM VENCEDORA ATRAEM PATROCINADORES.

EM POUCO MAIS DE 20 ANOS O VOLEIBOL SE TRANSFORMOU EM UM DOS ESPORTES PREFERIDOS DO PÚBLICO BRASILEIRO.

A SUPREMACIA BRASILEIRA TAMBÉM SE EXTENDE PARA O VÔLEI DE PRAIA, COM DUPLAS CAMPEÃS MASCULINAS E FEMININAS.

O GINÁSIO DE SAQUAREMA OFERECE INFRA ESTRUTURA COMPLETA: QUADRAS, PISCINAS E EQUIPAMENTOS DE ÚLTIMA GERAÇAO PARA A FORMAÇÃO E TREINAMENTO DE ATLETAS DE PONTA, QUE VÃO REPRESENTAR O PAÍS EM DIVERSOS PAÍSES.

CONQUISTAS, COMEMORAÇÕES E GLÓRIAS SÃO O REFLEXO DE UMA GESTÃO BEM- SUCEDIDA NO VOLEIBOL BRASILEIRO.

(continuação)

METAS E OBJETIVOS DA UNIDADE				
Objetivos Gerais	Indicador	Objetivos Específicos	Indicador	Meta
Manter os atletas de Seleção Brasileira no Brasil após a Olimpíada	Quantidade de atletas no Brasil	Adultos masculino	Superliga	70% da seleção
		Adultos feminino	Superliga	N. D.
		Juvenis	Superliga	
Aumentar o volume de patrocínios aos eventos do calendário	Valores contratuais	Manutenção do contrato SporTV	N. D.	1.500.000,00
		Patrocínio para a Liga Nacional	N. D.	300.000,00
		Patrocínio para o Campeonato Brasileiro	N. D.	300.000,00
		Patrocínio para o universitário	N. D.	450.000,00

Onde: ND = não disponível.

12.4.1 COBRAV — Comitê Brasileiro de Árbitros de Voleibol

O COBRAV — Comitê Brasileiro de Árbitros de Voleibol exerce as importantes atividades de escalar e treinar árbitros para os jogos, torneios, competições e eventos que ocorrem no território nacional e que são da alçada da CBV.

É um trabalho árduo, que requer a identificação criteriosa de pessoas habilitadas a apitar jogos com imparcialidade, acuidade e humildade. Quando rigorosos, eles geram a disciplina e a boa prática do esporte.

As atitudes e decisões de um árbitro podem determinar o sucesso ou insucesso de um jogo. E, naturalmente, o resultado há de ser o mais justo possível, sem dar margem a erros, dúvidas e reações de parte a parte.

No cenário internacional, o Brasil é considerado um país que possui excelentes árbitros. Eles são respeitados e escalados com muita satisfação, tanto no Brasil quanto no exterior.

Isto se deve ao fato de que houve investimento nesta figura representativa e marcante, com a geração de critérios adequados à prática e ao exercício da arbitragem.

Desde a sua formação, o COBRAV se empenha em prestigiar a profissão de árbitro, apoiando o profissional na prática, para que ele exerça as suas funções com excelência.

Neste sentido, existe preocupação positiva em relação ao incentivo e à motivação de uma cultura de arbitragem e de adoção de novos adeptos da prática que estejam impregnados do mais alto senso de responsabilidade para com o mundo do vôlei. Isto significa que um árbitro há de ter caráter firme; profundo senso de ética; cuidado com a aparência; independência financeira; capacidade de interferir nos jogos e determinar o que é mais acertado, sempre com discrição e afetando o mínimo possível o desenrolar do jogo; diminuto grau de interação com os jogadores e os dirigentes; baixo grau de vulnerabilidade; excelente preparo físico; olhos de lince; alto grau de concentração por longo tempo; e muita motivação pessoal.

O árbitro também atua, ou seja, ele joga em equipe, pois conta com dois árbitros de linha para auxiliá-lo e, às vezes, com dois reservas, dependendo da importância do jogo. Dispõe também de um apontador e pode haver até oito enxugadores sob seu comando.

A remuneração da arbitragem é heróica, quer dizer, muito baixa, considerando-se o papel do árbitro e sua responsabilidade. É um reflexo dos preços de mercado. Em dezembro de 2004, para jogos da Superliga, um árbitro ganhava R$ 300 por partida. Em campeonatos mundiais, a remuneração alcançava US$ 200.

A tecnologia de apoio para o exercício da arbitragem é significativamente bem desenvolvida no Brasil. Através da CBV, os árbitros criaram e inventaram softwares, programas eletrônicos que os ajudam em seu desempenho e que fornecem dados e resultados preciosos sobre cada partida, em tempo real.

Tudo que interessa ao jogo está atualmente configurado em sofisticadas linguagens de computador, conforme ilustram os quadros deste capítulo, com riqueza de detalhes, e ainda assim em forma de amostra. Há os calendários dos jogos, a programação dos jogos e das quadras, as súmulas dos jogos, as atas das reuniões técnicas, os controles de jogos, os processos de escalação, as substituições e rodadas de campo.

A facilidade da informática permite que um jogo seja monitorado nos seus mínimos detalhes, antes, durante e depois de sua realização, oferecendo um controle categorizado e isento. A tecnologia é da CBV, por meio da COBRAV, e gera a vantagem da padronização nacional dos eventos e jogos.

COMO ACOMPANHAR OS JOGOS

A Liga Mundial, formada por 140 países, acompanhou os jogos através da súmula *on-line*.

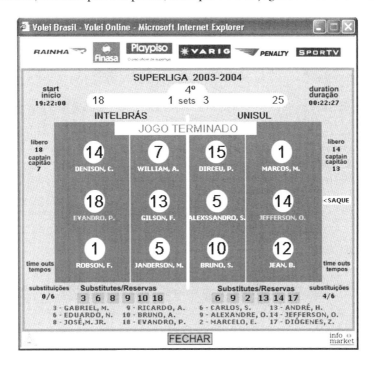

Por fim, merece destaque este pensamento do professor Josebel Palmeirim, titular da COBRAV: 'O árbitro tem de apitar para o jogador, o treinador e o jogo. Ele deve ser neutro, justo, equânime em campo. Aí, o jogo cresce e ele sai reconhecido, o que dá satisfação a todos e vontade de jogar, treinar e ver mais. Mas fiquemos atentos! Há aquele que talvez apite para o dirigente; para a platéia, e é influenciável. Esse tem de ser orientado, para entender que o que motiva o bom árbitro é o *fair-play*'.

12.5 USE – Unidade de Seleções

Os três slides a seguir apresentam alguns feitos das seleções brasileiras, a missão da Unidade de Seleções e suas atividades principais. Eles são utilizados em apresentação a novos atletas da USE, a visitantes do Centro Esportivo de Saquarema e para necessidades diversas.

Estratégia Empresarial

SELEÇÕES BRASILEIRAS

- ◆ Título do World Gand Prix em 1994, 1996, 1998 e 2004 (conquistados pela Seleção Adulta Feminina);
- ◆ Títulos da Liga Mundial em 1998, 2001, 2003 e 2004 (conquistados pela Seleção Adulta Masculina);
- ◆ 13 Campeonatos Mundiais conquistados pelas seleções de base;
- ◆ Conquista do Campeonato Mundial Adulto Masculino de 2002;
- ◆ Conquista da Copa do Mundo Adulto Masculino de 2003;
- ◆ Medalhas de Bronze nas Olimpíadas de Atlanta, em 1996, e Sydney, em 2000 (Seleção Adulta Feminina);
- ◆ Medalhas de Ouro nas Olimpíadas de Barcelona, em 1992, e de Atenas, em 2004 (Seleção Adulta Masculina);
- ◆ Atual recordista de títulos mundiais em todas as categorias nos últimos 10 anos.

UNIDADE SELEÇÕES

MISSÃO

'Apoiar logisticamente as atividades das Seleções Brasileiras de Voleibol.'

UNIDADE SELEÇÕES
Atividades Principais

- ◆ Supervisionar as atividades das Seleções Brasileiras
  - ◆ Planejamento (programação anual)
  - ◆ Logística (hospedagem, transporte, equipamentos, materiais e instalações esportivas)
- ◆ Realizar comunicação com FIVB, CSV, FNs e COB (inscrição, documentação e intercâmbio)

A USE — Unidade de Seleções — tem como missão 'apoiar logisticamente as atividades das seleções brasileiras de voleibol'.

Trata-se de uma árdua tarefa, pois é preciso que a USE otimize o ato de supervisionar as atividades das seleções brasileiras planejando as suas atividades. Ela deve propiciar as capacitações logísticas que se fizerem necessárias, e que incluem hospedagem e transporte, além de facilitar o uso imediato de equipamentos, materiais e equipamentos esportivos. Também deve fazer com esmero a interação e a capacitação de relações com as instituições internacionais e nacionais que promovem o vôlei, como a FIVB, a CSV, as FNs e o COB. Todo o elenco de atividades está no diagrama de processo da USE, mostrado na página seguinte.

Literalmente, todo o mundo fica atento às evoluções e aos movimentos das seleções brasileiras de voleibol. Por esta razão, tudo que diz respeito a elas, no plano da locomoção, da hospedagem, da alimentação, do treinamento, da inscrição, da documentação, do intercâmbio, tem de funcionar com índice zero de erros e desacertos.

O que está por vir, tal como os novos membros que comporão as seleções do futuro, é uma preocupação eterna e grande das comissões técnicas, de treinadores, de jogadores e, naturalmente, da USE. O tempo médio de permanência de um atleta na CBV é variável e se relaciona com fatores complexos, como idade, sexo, nível de renda, oportunidades de emprego, grau de motivação pessoal com os esportes e outros.

Além destas variáveis não terem sido estudadas por pesquisas científicas, e detalhadas de forma cuidadosa e isenta, outras também podem ser relevantes para explicar a composição intertemporal das equipes e seleções.

O bom senso apenas diria que, por ser saudável e promotor de bem-estar econômico e social, o esporte deve ser incentivado e o tempo de permanência dos atletas maximizado.

Contudo, na realidade, outros fatores, além dos anteriores, determinam a permanência dos atletas em seleções, o que é especialmente verdadeiro quando se estudam as seleções titulares, profissionais, que representarão o Brasil formal e oficialmente, no futuro.

Um fator mais recente e determinante de aceitação em seleções é, por exemplo, a altura dos atletas. Quanto mais alto, melhor. Eis porque 'no vôlei, vem aí a geração Gulliver'. Os jovens admitidos nos novos times beiram dois metros de altura. Então, surge até a atividade de olheiro, para não perder a oportunidade de convocar os maiores galalaus da praça[13].

Atender aos atletas, às comissões técnicas, aos dirigentes, aos treinadores, às representações estaduais e a quem mais for designado participar e atuar por uma seleção é tarefa que exige habilidades múltiplas e mutantes. Eis porque a responsabilidade da USE é elevada, pois ela deve agir com discrição, como se fosse natural que tudo rode às mil maravilhas, quando são inúmeras as variáveis de gestão que necessitam ser movidas, para se atingir resultados de sucesso e tranqüilidade.■

DIAGRAMA DO PROCESSO

Diagrama Seleções – v04 27/07/2004.

FORNECEDORES
- Material, equipamento e instalações esportivas;
- Serviços de transporte aéreo e terrestre e hospedagem com alimentação.

MISSÃO DO PROCESSO

Apoiar logisticamente as atividades das Seleções Brasileiras de Voleibol

CLIENTES
- Patrocinadores.
- Comissões técnicas.

PROCESSO
UNIDADE DE NEGÓCIOS – SELEÇÕES

INSUMOS
- Informações das comissões técnicas, regulamentos das competições e requisitos dos patrocinadores.

ATIVIDADES
- Supervisionar as atividades das Seleções Brasileiras;
- Planejamento (Programação anual);
- Logística (hospedagem, transporte, equipamentos, materiais e instalações esportivas);
- Realizar comunicação com FIVB, CSV, FNs e COB (inscrição, documentação e intercâmbio).

PRODUTOS
- Apoio logístico às seleções.

MEDIÇÃO DO PROCESSO
- Verificação com planilhas de controle:
  1. Deadlines;
  2. Calendário de competições.

RECURSOS
- Recursos Humanos;
- Recursos financeiros (parceiros sem patrocinadores);
- Infra-estrutura tecnológica e de comunicação;
- Material, equipamentos e instalações esportivas;
- Transporte aéreo e terrestre;
- Hospedagem e alimentação.

MEDIÇÃO DO PRODUTO
- Relatório dos clientes, reuniões realizadas com os mesmos e pesquisa Comunidade Voleibol.

As linhas seguintes resumem e destacam algumas evoluções das seleções brasileiras de voleibol, sendo bom enaltecer que elas são tão bem-sucedidas historicamente, e nos tempos que correm, que esta é uma tímida amostra de seu desempenho.

◆ Em 1º de agosto de 2004, a Itália, tradicional grande campeã do voleibol mundial, dobrou-se mais uma vez aos feitos do Brasil. Depois da conquista do quarto título da Liga Mundial, que em 2004 também ocorreu sobre a Itália, a seleção feminina de vôlei venczeu as italianas e conseguiu tornar-se a única equipe do mundo a vencer quatro vezes o Grand Prix. Esta é uma proeza inédita, sem par, no mundo.

◆ Merece destaque o fato de que em 2004 foi a primeira vez que as duas seleções, masculina e feminina, as mais destacadas do Brasil, ganharam a competição mais importante de sua modalidade, sem contar as Olimpíadas de Atenas, em 2004, nas quais o Brasil ganhou Ouro. A equipe masculina triunfou na Liga Mundial em 1993, 2001, 2003 e 2004. A seleção feminina arrasou nos Grand Prix de 1994, 1996, 1998 e 2004.

◆ Considerando os feitos anteriores, as duas seleções brasileiras exibem o melhor credenciamento dos tempos modernos, que possam ser desejados e exigidos, para atuar em jogos olímpicos, competições mundiais e exibições que visem promover e valorizar o voleibol entre as nações.

◆ Em 2004, Fernanda Venturini terminou como a melhor levantadora do Grand Prix e do mundo.[14]

◆ Como foi avaliada e apreciada a seleção masculina brasileira de voleibol no maior e mais festivo torneio da humanidade, as Olimpíadas, repetidas a cada quatro anos, e que aconteceram em Atenas, em 2004? Em Olimpíadas, uma seleção dá tudo de si, supera-se e busca a eternidade com a obtenção da sagrada e tão ambicionada medalha de ouro.

> ◆ Em Atenas, os especialistas em voleibol foram unânimes: o time brasileiro mostrou-se o melhor em tudo. Perfeccionista, destacou-se nos fundamentos.
>
> ◆ Após o jogo, a unanimidade mundial ficou evidente nas manchetes dos jornais: 'Com atuação espetacular, a seleção brasileira masculina de vôlei venceu a Itália por 3 a 1 e conquistou o biolímpico, um adeus de ouro a Atenas'. E: 'Com atuação irrepreensível, conquista o bicampeonato'[15].

Estratégia Empresarial

◆ Em seu conjunto, a equipe reuniu o ataque mais letal, mais agressivo e mais definido, junto com a melhor e menos vazada defesa.

◆ No plano individual, o time dispôs do melhor levantador, do atacante mais eficaz, que melhor completou as jogadas, e do líbero que apresentou a maior produtividade.

◆ Na hora de botar a bola no chão, três dos cinco melhores atacantes do campeonato foram brasileiros: Dante, André e Giba. O atacante mais preciso e matador foi Gustavo, que em 10 lances acertou 10, em rendimento de 100% para ninguém botar defeito. Já Ricardinho, que servia Gustavo, foi ungido como o melhor atleta no fundamento. Escadinha, o melhor líbero, foi o mais eficaz na defesa, e liderou as recepções. Nalbert, machucado, fez milagres.

◆ Mesmo sem jogar na final, Giovane e Maurício enfeitaram o banco de reservas. Mas teriam feito apenas isso? Certamente não. Com sua tarimba, experiência e sabedoria adquiridas ao longo de duas a três décadas de inúmeros jogos difíceis, os campeões olímpicos de 1992 eram tal e qual o lastro de um navio. Com voz serena, deram dicas e orientações, durante as competições, à turma mais jovem e atirada. Giovane até liderou um espetáculo de palmas ritmadas, antes e depois do jogo. Emocionado, ainda entoou: 'Agora, já vejo que ajudo e muito, mas esta molecada está voando!'

◆ Os campeões olímpicos masculinos de Atenas 2004, por equipes, são um time coeso, que lutou pelo grupo e que se enalteceu pelo espírito de equipe. Instalar esta mentalidade em um grupo de trabalho, no quadro exclusivista, personalista, individualista e de raros jogos cooperativos, no mundo atual, é certamente um grande feito e um bom exemplo a ser seguido. Por estas razões, os nomes Anderson, André Heller, André Nascimento, Bernardinho, Dante, Giba, Giovane, Gustavo, Maurício, Nalbert, Ricardinho, Rodrigão e Escadinha estão firmemente inseridos nas mentes e nos corações de todos os brasileiros.

◆ A combinação de ataque matador, com defesa poderosa e indivíduos ultracompetentes, asseguraram a formação de uma equipe sem par, que levou o Brasil à segunda medalha de ouro do vôlei masculino por equipes.

❙◆ Existe seleção sem treinador? Certamente, quem comanda e dá o tom da equipe em campo é o treinador. E o Brasil detém, com supremacia, os melhores do mundo, seja para equipes, seja para praia. O Brasil aprendeu a treinar e a jogar. Seu trabalho de equipe encanta o mundo, e o charme de seus concidadãos os faz assediados. Como símbolo e representante máximo da ilustre e brilhante categoria, pode ser escolhido Bernardo Rezende, o Bernardinho, que se destacou como jogador de prata olímpica em Los Angeles, em 1984, bronze no feminino de Atlanta, em 1996, novamente bronze no feminino de Sydney, em 2000, e ouro no masculino de Atenas, em 2004.

I◆ Visto pelos seus pares e por especialistas, Bernardinho é espetacular, inteligente, sagaz, obstinado, hiperexigente, perfeccionista, centralizador e extremamente enfático e comunicativo[16]. Para tratar de eficácia, observe-se que das 15 competições que disputou entre 2001 e 2004, ele ganhou 12, um feito internacional sem precedentes. E para isso trabalhou, caracterizando-se como incansável e *workaholic*. Seu mote é dado pela filosofia do treino, treino e mais treino. Ou seja, a excelência adquire-se pela repetição e pela capacidade de exigir de si mesmo o máximo.

> ◆ Para treinar mais tempo, Bernardinho tem a fórmula e demonstra que o esporte consome tempo, logo é um bem ou um lazer tempo-intensivo. Afirma o grande treinador: 'No começo, treinávamos a partir das 9 horas. Depois, baixamos para as 8 horas. Agora, os treinos estavam começando às 7 horas. Para nos mantermos à frente, tem de ser às 6 horas. Mas não sei se vai ser possível. Comigo, aqui, ninguém vai falar de sorte, só de trabalho'.
>
> ◆ O treinador lembra: 'Vejam a diferença. Na vela, é por pontos corridos. Se em 10 regatas o cara ganha oito, ele leva o ouro. Sempre vai ganhar o melhor. Mas no vôlei não é assim. Se você perdeu um jogo, está fora'.

I◆ Fundamentais são a inovação e a capacidade de mudar. Em time que ganha também se mexe, pois as mudanças do ambiente afetam o rendimento das equipes. Agir de modo estático significa uma parada, e é preciso superar os próprios limites. Portanto, mudar é essencial, segundo confirma o grande treinador: 'Trouxemos algo de novo para confundir os adversários. Estes quatro anos mostram o domínio do Brasil, e é o maior domínio da história'[17].

I◆ O grau de envolvimento das empresas com o voleibol pode ser aferido pelas marcas assumidas pelas equipes nos tempos mais recentes. E se há tantas empresas cooperando, trata-se de um sinal inequívoco de que o relacionamento e o incentivo gerado entre o esporte e as empresas é bom, e gerador de benefícios. Ao identificar o nome de suas empresas com os times que patrocinam, as organizações se beneficiam de um efeito de imagem marcante e importante, que perdura a seu favor por longo tempo e se insere na sociedade como um *valor do bem*. Só para ilustrar, pois a lista de patrocinadores é extensa demais, citaremos algumas marcas que se associaram aos times de vôlei, em campeonatos como o da Superliga, de extensão nacional, em março de 2005:

◆ Oi/Campos; Rexona/Rio; Sesi; Telecom/Brasília; Pinheiros/Blue Life; São Caetano; Finasa/Osasco; Unisul/Cimed; Banespa; Mastercard; Wizard/Suzano; Ulbra; Telemig Celular; Minas; Clube Náutico Araraquara; On Line/Herval; Bento/Union Pack.

12.6 UEV – Unidade de Eventos

A Unidade de Eventos preocupa-se em otimizar todos os acontecimentos e momentos do esporte que lhe são atribuídos.

É importante frisar que esta unidade lida com uma das atividades mais centrais da CBV, pois, para existir, mostrar-se, ser vista e reconhecida, a entidade necessita sempre dispor de novos programas esportivos e exibir os eventos, que fazem parte deste concerto.

Empresa geradora de lazer e prestadora de serviços do esporte, a CBV precisa renovar e multiplicar com freqüência o número de atividades, ou seja, de eventos que promove. Isto lhe dá visibilidade e um tom de dinâmica à organização.

Pode-se afirmar que a CBV é altamente proativa e se destaca no cenário mundial como a confederação de voleibol que mais monta e propõe eventos, e atua neles. Quando há campeonatos internos e externos, competições, *Grand-Prix* e numerosos outros concursos, a CBV se expõe e envia seus atletas, em um frenético e muito bem organizado movimento que tempera o esporte com o gosto da vitória.

Tal como acontece com as demais UENs, a Unidade de Eventos possui seu diagrama de processo, que permite a compreensão de que ela se move com uma densa e ampla quantidade de clientes e fornecedores. Por esta razão, internamente, na CBV, a Unidade de Eventos utiliza as ferramentas gerenciais mais modernas, gerando um trabalho eficiente e eficaz, que se integra aos parâmetros de efetividade responsável exigidos pela organização.

A seguir, apresentamos um conjunto de 7 planilhas gerenciais, típicas da área, que permitem o melhor acompanhamento das atividades. Elas estão aqui apenas como exemplo, cabendo destacar que cada atividade tem formulário próprio e seu método de redação e exposição.

O que caracteriza a CBV e cada uma das suas UENs é o rigor alcançado no trato, na criação e no manuseio do instrumental gerencial ligado ao esporte. Para cada assunto e finalidade, existe o documento apropriado, que já está pronto e disponível em cada UEN, sob responsabilidade da central de gerência.

Para ser facilitada a comunicação intra-organizacional e ser incentivado o planejamento de todas as atividades, os gerentes e colaboradores falam entre si por meio eletrônico, de tal forma que as decisões tornam-se bem mais facilitadas e velozes.

	SISTEMA DE GESTÃO DA QUALIDADE			
	Identificação **NE-USE-001**	Revisão 07	Data 11/08/04	Página 1
	Título **REALIZAÇÃO DO PRODUTO SELEÇÕES**			

1 – OBJETIVO
Este procedimento tem por objetivo estabelecer as condições e requisitos para a realização do processo relativo à UN Seleções.

2 – APLICAÇÃO
Aplica-se a Unidade de Negócio Seleções.

3 – DOCUMENTOS DE REFERÊNCIA
◆ ISO 9001:2000
◆ Manual da Qualidade Confederação Brasileira de Voleibol.

4 – DEFINIÇÕES E SIGLAS

São adotadas as definições contidas na norma NBR ISO 9000:2000 — Sistema de Gestão da Qualidade — Fundamentos e Vocabulário e do documento Definições e Siglas do SGQ da CBV.

IVB   — Federação Internacional de Voleibol
CSV — Confederação Sul-Americana de Voleibol
COB — Comitê Olímpico Brasileiro
FN   — Federação Nacional

5 – RESPONSABILIDADES

Responsabilidade	Atividades
Eduardo Pizzolato, Luiz Fernando Branco e Roberto Alcântara	Elaborar e revisar esse documento.
Paulo Costa	Aprovar esse documento.

6 – PROCEDIMENTO

6.1 Aquisição

São considerados críticos para a realização do produto Seleções os seguintes itens:

a) materiais, equipamentos e instalações esportivas (local para treinamento);
b) transporte aéreo e terrestre; e
c) hospedagem e alimentação.

SISTEMA DE GESTÃO DA QUALIDADE				
Identificação **NE-USE-001**		Revisão 07	Data 11/08/04	Página 2
Título **REALIZAÇÃO DO PRODUTO SELEÇÕES**				

6.2 Realização do Produto

Para realização do produto Seleções devem ser desenvolvidas as atividades descritas a seguir.

6.2.1 Condições Gerais

As atividades devem ser realizadas em conformidade com a programação de cada seleção e o regulamento de cada competição.

Preparado pela UN Seleções, e disponível para os integrantes das seleções brasileiras, o regulamento deve ser atualizado e produzido até o início da temporada.

6.2.2 Planejamento/Análise Crítica

É realizado de acordo com o calendário anual de competições da FIVB e CSV e das programações das seleções, que devem ser obtidas nas reuniões e/ou por meio de documentos encaminhados pelas comissões técnicas.

Deve ser elaborado o orçamento, em função do tempo de treinamento, número de pessoas, local para os treinamentos, jogos preparatórios, entre outros aspectos. O orçamento deve ser apresentado à alta direção, para aprovação, de acordo com prazos e formas determinadas por ela.

6.2.3 Convocação e Desconvocação de Atletas

As convocações e desconvocações de atletas devem ser realizadas conforme orientações das comissões técnicas.

Estratégia Empresarial

6.2.4 Preparação da Infra-estrutura

Uma vez definidos o planejamento e o orçamento, deve ser realizada a preparação da infra-estrutura (hospedagem, transporte, equipamentos, materiais e instalações esportivas).

Deve ser realizada a comunicação com FIVB, CSV, FNs e COB relativas à participação em competições, atendendo aos regulamentos das competições e aos requisitos de participação.

6.2.5 Preparação do Relatório de Jogos das Seleções Brasileiras

	SISTEMA DE GESTÃO DA QUALIDADE			
	Identificação **PO-USE-001**	Revisão 06	Data 26/07/04	Página 3
	Título **CONVOCAÇÃO DE ATLETAS**			

1 – OBJETIVO

Este procedimento tem por objetivo estabelecer as condições operacionais para a realização da convocação de atletas para as seleções brasileiras.

2 – APLICAÇÃO

Aplica-se a Unidade de Negócio Seleções.

3 – DOCUMENTOS DE REFERÊNCIA

ISO 9001:2000 – Sistema de Gestão da Qualidade.
Manual da Qualidade Confederação Brasileira de Voleibol.
NE-USE-001 – Realização do Produto Seleções.

4 – DEFINIÇÕES E SIGLAS

São adotadas as definições contidas na norma NBR ISO 9000:2000 – Sistema de Gestão da Qualidade – Fundamentos e Vocabulário.

5 – RESPONSABILIDADES

Responsabilidade	Atividades
Roberto Alcântara, Luiz Fernando Branco e Eduardo Pizzolato	Elaborar e revisar esse documento.
Roberto Alcântara	Realizar as atividades descritas neste procedimento.
Paulo Costa	Aprovar esse documento.

6 – PROCEDIMENTO

6.1 Condições Gerais

Receber da comissão técnica a relação de atletas convocados.

6.2 Descrição

O responsável deve:

a) Confeccionar mensagem de convocação contendo relação nominal de atletas convocados e orientações para suas apresentações;
b) Enviar, por e-mail ou fax, via Federações Estaduais, a mensagem aos atletas.
c) Enviar à área de Registro a relação dos convocados para publicação em Nota Oficial.
d) Enviar a relação de convocados ao Marketing, visando a atualização da *homepage* da CBV, e à Assessoria de Imprensa, para divulgação na mídia.

	SISTEMA DE GESTÃO DA QUALIDADE			
	Identificação **PO-USE-001**	Revisão 06	Data 26/07/04	Página 4
	Título **CONVOCAÇÃO DE ATLETAS**			

Estratégia Empresarial

7 – TRATAMENTO DAS NÃO-CONFORMIDADES

As não-conformidades devem ser tratadas de acordo com o estabelecido na NG-ADM-003 — Controle de Produto Não Conforme. Para as não-conformidades, descritas a seguir, devem ser adotadas as seguintes ações:

Não-Conformidade	Correção
Informação incorreta	Enviar mensagem em aditamento ao documento original, via fax ou e-mail, para Federações Estaduais, Assessoria de Imprensa, Marketing e área de apoio, Registro e Transferência.

8 – DOCUMENTOS COMPLEMENTARES

Não aplicável.

9 – ANEXOS

Não aplicável.

10 – CONTROLE DE REGISTROS

Identificação	Armazenamento e proteção	Recuperação	Tempo mínimo de retenção	Descarte
Mensagem de Convocação e Aditamento	Pasta da respectiva seleção, no Arquivo Físico na USE ou no Arquivo Virtual ('f:/empresa/ seleções'), durante temporada.	Arquivo por ordem cronológica	Até o fim da temporada	Picotado e deletado
Nota Oficial	◆ Durante a temporada: na Área de Registro de Transferência ◆ Após a temporada: no Armazém Esportivo	Arquivo por ordem cronológica	Permanente	N/A

	SISTEMA DE GESTÃO DA QUALIDADE			
	Identificação **PO-USE-003**	Revisão 06	Data 26/07/04	Página 5
	Título **OBTENÇÃO DE VISTOS**			

1 – OBJETIVO

Este procedimento tem por objetivo estabelecer as condições operacionais para a obtenção de vistos de entrada em países, para atletas e integrantes das comissões técnicas

2 – APLICAÇÃO

Aplica-se a Unidade de Negócio Seleções.

3 – DOCUMENTOS DE REFERÊNCIA

◆ ISO 9001:2000 — Sistema de Gestão da Qualidade.
◆ Manual da Qualidade Confederação Brasileira de Voleibol.
◆ NE-USE-001 — Realização do Produto Seleções.

4 – DEFINIÇÕES E SIGLAS

São adotadas as definições contidas na norma NBR ISO 9000:2000 — Sistema de Gestão da Qualidade — Fundamentos e Vocabulário.

5 – RESPONSABILIDADES

Responsabilidade	Atividades
Roberto Alcântara, Luiz Fernando Branco e Eduardo Pizzolato	Elaborar e revisar esse documento.
Roberto Alcântara	Realizar as atividades descritas neste procedimento.
Paulo Costa	Aprovar esse documento.

Estratégia Empresarial

6 – PROCEDIMENTO

6.1 Condições Gerais
◆ Verificar se há exigência de vistos para os países que serão visitados;
◆ Solicitar aos consulados os procedimentos para obtenção dos vistos.

6.2 Processo de Realização
O responsável deve:

a) Recolher: passaporte, foto, formulário, atestado de vacina e autorização dos responsáveis (quando necessário);
b) Verificar a validade e o número de páginas disponíveis no passaporte;
c) Verificar a validade do atestado de vacina (quando necessário);
d) Caso necessário, solicitar carta-convite para a seleção nas Federações Nacionais dos países a serem visitados;
e) Caso haja dificuldade para a obtenção dos vistos, acionar a Federação de Voleibol do país anfitrião e/ou o Ministério das Relações Exteriores do Brasil.
f) Entregar à Comissão Técnica da seleção os passaportes com os vistos.

	SISTEMA DE GESTÃO DA QUALIDADE			
	Identificação **PO-USE-003**	Revisão 06	Data 26/07/04	Página 6
	Título **OBTENÇÃO DE VISTOS**			

7 – TRATAMENTO DAS NÃO-CONFORMIDADES
As não-conformidades devem ser tratadas de acordo com o estabelecido na NG-ADM-003 — Controle de Produto Não Conforme.

8 – DOCUMENTOS COMPLEMENTARES
Não aplicável.

9 – ANEXOS
Não aplicável.

10 – CONTROLE DE REGISTROS

Identificação	Armazenamento e proteção	Recuperação	Tempo mínimo de retenção	Descarte
Correspondências	Pasta da competição, no Arquivo Físico na USE e/ou no Arquivo Virtual ('f:/empresa/ seleções/x' — sendo x a respectiva seleção), durante a temporada.	Arquivo por ordem cronológica	Descarte no final da temporada	Picotado e deletado

	SISTEMA DE GESTÃO DA QUALIDADE			
	Identificação **PO-USE-004**	Revisão 05	Data 26/07/04	Página 7
	Título **REGISTRO DE JOGOS DAS SELEÇÕES**			

1 – OBJETIVO
Este procedimento tem por objetivo estabelecer as condições operacionais para registrar com fidedignidade os resultados de todos os jogos oficiais das seleções.

2 – APLICAÇÃO
Aplica-se a Unidade de Negócio Seleções.

3 – DOCUMENTOS DE REFERÊNCIA
- ◆ ISO 9001:2000 — Sistema de Gestão da Qualidade.
- ◆ Manual da Qualidade Confederação Brasileira de Voleibol.
- ◆ NE-USE-001 — Realização do Produto Seleções.

Estratégia Empresarial

4 – DEFINIÇÕES E SIGLAS

São adotadas as definições contidas na norma NBR ISO 9000:2000 — Sistema de Gestão da Qualidade — Fundamentos e Vocabulário.

5 – RESPONSABILIDADES

Responsabilidade	Atividades
Luiz Fernando Branco, Roberto Alcântara e Eduardo Pizzolato	Elaborar e revisar esse documento.
Roberto Alcântara	Realizar as atividades descritas neste procedimento.
Paulo Costa	Aprovar esse documento.

6 – PROCEDIMENTO

6.1 Condições Gerais

Receber das CTs as súmulas dos jogos e/ou demais documentos de registro das competições.

6.2 Processo de Realização

O responsável deve:

Obter nos documentos de registro os dados referentes aos jogos efetuados pela seleção: nome da competição, local, data, resultado, atletas participantes e colocação final.

Após o término de cada temporada, atualizar os dados no sistema de registro de jogos.

Conforme mostra o organograma da próxima página, a CBV possuía um desenho clássico em sua estruturação organizacional até meados de 2005.

A presidência comanda e dá as orientações para todas as áreas e colaboradores. Por sua vez, as gerências atuam na solução dos desafios operacionais, produtivos, processuais, administrativos e afins.

A Estrutura Interna da CBV

A atuação entre as áreas é de plena interconexão e integração, de sorte a resolverem-se as questões que otimizam melhor a geração de atividades direcionadas ao vôlei.

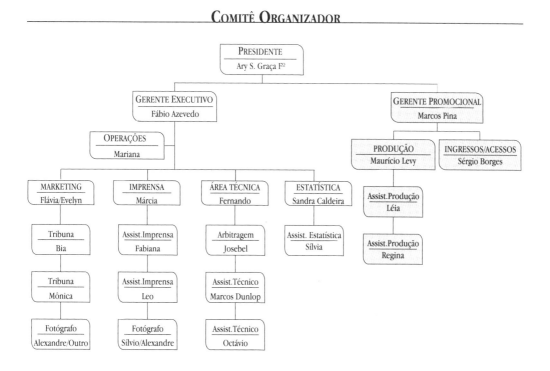

12.7 UVP — Unidade Vôlei de Praia

A UVP — Unidade Vôlei de Praia é responsável pelo desenvolvimento e produção de todos os eventos que ocorrem na área das praias.

A prática do Vôlei de Praia é relativamente antiga no Brasil, um país costeiro e de inúmeras praias em toda a sua extensão continental e atlântica. Desde 1940, era comum estenderem-se redes de vôlei em Copacabana e no Flamengo, no Rio de Janeiro, para a prática do esporte pela *juventude dourada*.

A UVP realiza um trabalho dinâmico, motivado e alegre, que atrai grandes levas de torcedores e de interessados no voleibol, para os eventos que ela organiza.

Estratégia Empresarial

O mais interessante é que a praia pode ser reproduzida em todos os pontos e em todas as cidades do país. Com os milagres da tecnologia atual, do sistema de transportes, e da engenharia moderna, a UVP pode montar e literalmente construir uma arena, um lugar igual encontrado na melhor praia do Brasil, em poucas horas.

Isto permite que se pratique e incentive o vôlei de praia tanto nos lugares nos quais está estabelecido há décadas, como Rio de Janeiro, Niterói, Saquarema, Cabo Frio, Búzios, Guarujá, quanto nos lugares em que prefeituras, secretarias de esportes, empresas patrocinadoras e autoridades venham a solicitar e sugerir.

Assim, a UVP se interessa pela evolução e pelo aprimoramento de seus atletas de praia, oferecendo-lhes alternativas de profissionalização e de exposição pública sensacionais, pois acontecem em todas as cidades do Brasil. Sejam cidades pequenas, médias ou grandes, existe infra-estrutura a ser adotada com flexibilidade, de acordo com as necessidades de cada praça.

Quando os emissários da UVP se deslocam para uma cidade, é uma festa. Logo aparecem as crianças em busca de alguma diversão e integração, sendo muito bem recebidas com um curso rápido ou uma simpática rede e uma bola. A unidade de praia logo contrata pessoas locais, para ajudarem em serviços de marcenaria, alvenaria, higiene, limpeza, segurança e afins, o que significa oferta de empregos e renda temporária.

Em locais humildes e pobres, a presença dos membros da UVP é recebida com enorme alegria, porque a comunidade logo vê que recebe algo, o esporte e sua integração social, no lugar daqueles que lhe retiram algo, como bens e renda. Além disso, os contratos e os acordos com as prefeituras visam propor, incentivar e promover a manutenção das redes de vôlei instaladas, para que elas perdurem e permaneçam como objeto de brincadeira, diversão e educação física para crianças e adultos.

Como a UVP atua em equipe com o VivaVôlei, cujo cunho social é notório e cada vez mais simpaticamente compreendido, o VivaVôlei também propõe inserções nas cidades que os voleibolistas de praia e suas duplas visitam. Assim, os empresários que quiserem apoiar, financiar e manter por alguns anos várias redes, instrutores e crianças neste projeto terão oportunidade de entabular conversações com os gerentes da UVP e do VivaVôlei, ou serão encaminhados à área compatível com os seus interesses.

A Unidade Vôlei de Praia exerce e oferece um serviço de competições, torneios e jogos bem versáteis e divertidos, que encanta o público brasileiro de norte a sul do país. Ela cuida de tudo que é preciso, para que um torneio se torne bem-sucedido. Isto é excelente e importante para os patrocinadores, porque eles se despreocupam com os aspectos de montar e construir equi-

122

pes e arenas. Tudo já vem pronto e na medida certa. Então, sobra tempo para que o patrocinador receba em ambiente sombreado, fresco, animado e musical, os seus convidados.

Por exemplo, o Banco do Brasil, que é um destacado e formidável patrocinador do vôlei de praia do Brasil, sabe que é importante e útil ter boas e crescentes relações com os seus clientes. No banco, dentro da agência, a rotina do dia-a-dia e a tensão de verificar saldos e posições financeiras, neste país recordista de juros, impedem uma aproximação e uma relação amigável maior, por melhor que ela seja.

É sabido e reconhecido que o Banco do Brasil é muito querido e apreciado pelos seus clientes. As pesquisas de opinião pública destacam este fato, que se reflete no elevadíssimo índice de fidelização que o banco alcançou. Contudo, ele entendeu, com modernidade e pertinácia, que seu cliente não quer apenas captar, aplicar e movimentar contas e serviços tarifados. O cliente quer é qualidade de vida, bem-estar e amizades sadias.

Ao mobilizar os clientes e suas famílias com convites dirigidos a eventos de vôlei de praia, o Banco do Brasil facilita o relacionamento de seus gerentes de contas com a pessoa física e jurídica. Durante um bate-papo informal, com os homens de bermudão e suas esposas de saia colorida, óculos de sol em rostos ligeiramente bronzeados, os gerentes conversam com seus clientes, sem maiores preocupações com as atividades bancárias, mostrando que também são gente, são amigos, e têm um grande coração.∎

Para ilustrar de forma bem resumida alguns momentos da praia, sintam-se no mundo que a UVP administra, na rica multiplicidade de ações que lhe cabem.

|◆ O vôlei de praia já rendeu medalhas de ouro, prata e bronze ao Brasil nas Olimpíadas. Em 2004, ano da Olimpíada de Atenas, 28,1% dos cariocas declararam que gostavam de assistir mais ao vôlei, na segunda e mais destacada lista de preferência pelo esporte, segundo o Laboratório Unicarioca.[18]

|◆ O índice de confiança do brasileiro no esporte mostrou, na pesquisa supra citada, que à pergunta 'Em jogos de equipe, quem vai ser o destaque brasileiro?' praticamente 100% das respostas apontaram o vôlei masculino. À pergunta 'Qual é o esporte que você considera como medalha de ouro ganha?' 47,7% das respostas foram pelo vôlei masculino e 14,8% pelo vôlei feminino, conforme de fato aconteceu. Ou seja, 62,5% dos torcedores acreditam e confiam piamente no vôlei, entre todos os esportes olímpicos praticados no Brasil.

Estratégia Empresarial

|◆ Em 2004, juntos, Ricardo e Emanuel detinham nove títulos conquistados no Circuito Mundial de Vôlei de Praia. Ao conquistarem o nono título, os supercampeões venceram os também brasileiros arquicampeões Tande e Franco em uma solução doméstica, promovida na Áustria. Poucos dias depois, Ricardo e Emanuel comprovaram a sua invencibilidade nas Olimpíadas de Atenas, onde colheram o Ouro com glórias e méritos incontestáveis.

|◆ A diferença entre os atletas voleibolistas ultracompetitivos brasileiros e os do mundo é tanta, é tamanha, que eles não possuem rivais, e se deram ao luxo não recomendável, mas realizado, de ficar 21 dias sem treinar, descansando em um gostoso *dolce far niente*. Isto tão somente comprova duas facetas do mesmo evento: os brasileiros estão no ápice do esporte, em função de sua qualidade e seriedade; e os treinamentos e preparos feitos no Brasil, na CBV, são nesta década, por ora, insuplantáveis.[19]

|◆ Para orgulho do Brasil e da CBV, no vôlei de praia foram obtidas duas medalhas nas Olimpíadas de 2004. Ricardo e Emanuel conquistaram o Ouro com classe e enorme competência, e Adriana Behar e Shelda conquistaram a Prata com imensa coragem e arrojo.

O diagrama do processo da Unidade Vôlei de Praia apresentado na página seguinte esclarece e detalha com grande grau de acuidade as efetivas atividades da UVP.

12.8 UVV — Unidade VivaVôlei

A Unidade Estratégica VivaVôlei atua para divulgar e popularizar o vôlei no Brasil. Seu espectro de atividades é amplo, conforme mostra o diagrama do processo da página 125.

É importante enaltecer o trabalho social que o VivaVôlei faz. Ao incentivar a prática do voleibol em todo o território nacional, ele dá atenção especial às crianças, aos menos afortunados e aos mais desassistidos.

A Estrutura Interna da CBV

DIAGRAMA DO PROCESSO

Diagrama UVP v06 10/11/2004.

FORNECEDORES
- Armazém esportivo;
- Área de registro e transferência;
- Cobrav;
- Área Apoio administrativo
  - Passagem e hospedagem
  - Tecnologia
  - Serviços ao pessoal
  - Gestão de pessoas
- Área Financeira;
- Área Contábil;
- Assessoria de Imprensa;
- Federações;
- Produtoras de eventos.

MISSÃO DO PROCESSO
Gerenciar o processo de realização de competições nacionais e internacionais de voleibol de praia realizadas no Brasil.

PROCESSO
UNIDADE DE NEGÓCIO VOLEIBOL DE PRAIA

ATIVIDADES
- Planejar e publicar o calendário oficial do Voleibol de Praia da CBV;
- Publicar as regras destas competições oficiais;
- Organizar e realizar as competições deste calendário;
- Controlar todo atleta de voleibol de praia;
- Publicar e aplicar as sanções, sempre que necessário, junto ao TJD;
- Controlar toda e qualquer forma de publicidade e promoção nos torneios oficiais;
- Criar, atualizar e publicar o Ranking Brasileiro de Voleibol de Praia;
- Publicar os resultados de todas as competições oficiais, no âmbito internacional;
- Publicar o calendário e o regulamento do Voleibol de praia da FIVB;
- Organizar e realizar as competições Internacionais no Brasil;
- Registrar e controlar todo atleta que pratica o voleibol de praia junto a FIVB;
- Dar suporte aos atletas para obtenção de vistos;
- Inscrever os atletas nas competições internacionais;
- Selecionar as duplas que representam o Brasil nas competições internacionais conforme o regulamento de cada competição.

CLIENTES
- Atletas;
- Patrocinador;
- FIVB;
- Rede de TV.

PRODUTOS
- CBBVP;
- Competições.

INSUMOS MATÉRIA-PRIMA
- Material de escritório;
- Informações/dados;
- Infratecnológica/ telefônica.

RECURSOS
- Financeiro;
- Pessoal;
- Insumos (dados/informações dos resultados dos eventos);
- Informações do patrocinador;
- Inscrição de atletas;
- Banco de dados DS Praia;
- Handbook FIVB.

MEDIÇÃO DO PROCESSO
- Monitoramento do PLANO DE AÇÕES.

MEDIÇÃO DO PRODUTO
- Nível de satisfação dos clientes;
- Participação do Vôlei de Praia na preferência do público;
- Cumprimento dos itens verificados no checklist.

A partir de um programa específico muito bem concebido, que pode ser patrocinado e adquirido por um valor praticamente simbólico, é possível implantar o programa de treinos e jogos do VivaVôlei em toda cidade, vila ou localidade do Brasil. Professores, instrutores e muito material esportivo geram a alegria da garotada, mobilizando a comunidade para uma atividade sadia. As crianças encontram segurança, interação, ação e jogos cooperativos. Os pais encontram sossego e meios de dar atenção a outros afazeres domésticos e profissionais.

O VivaVôlei tira crianças da rua, de lugares de duvidosa reputação, e que podem ser perigosos até por lhes tirar a vida, se persistirem nesses maus caminhos. Neste sentido, o VivaVôlei desperta a consciência cidadã que existe em cada adolescente, em cada criança, pai ou mãe, gerando uma rede de boas relações que pode perdurar por toda a vida.

Independentemente da renda, da cultura, da origem, ou da escola que as formam, as crianças, ao participar do VivaVôlei, compartilham de um bem comum e de um objetivo comum: jogar vôlei e se divertir.

Por estas razões e características, o VivaVôlei é um sucesso marcante na gestão da CBV. Cada vez mais prefeituras, empresas, políticos que querem destacar-se em suas comunidades, e empresários que visam obter a simpatia de sua vizinhança estão contratando, na CBV, os animados serviços do VivaVôlei.

Justifica-se plenamente que a ONU tenha reconhecido o VivaVôlei como um serviço da melhor utilidade pública, destinado a fazer bem à humanidade.

A gestão do VivaVôlei é complexa pela natureza do serviço proposto de lidar com crianças. Contudo, a forma pela qual ele é proposto e gerenciado, na CBV, faz dele um serviço tão simples de ser desenvolvido que o mais normal é multiplicarem-se as redes onde se instala um VivaVôlei.

Apenas um par de ligações telefônicas e um contrato bem simples é necessário para fazer deslanchar um programa social essencialmente simpático, amigo, conciliador e gerador de saúde. Eis porque faz tanto sentido buscar este apoio, que traz consigo o ensino esportivo, a disciplina e o bem-estar a toda criança que o pratica.

12.9 Planejamento Econômico-Financeiro

A gerência de Planejamento Econômico-Financeiro lida com as atividades afeitas à otimização dos recursos financeiros, à alocação do capital e a novos investimentos.

A Estrutura Interna da CBV

DIAGRAMA DO PROCESSO

Diagrama UVP v06 10/11/2004

FORNECEDORES

- Fornecedores do kit VivaVôlei (bases, redes, postes, bolas, fitas de marcação da quadra, coletes, lona de identificação);
- Empresa de Internet (criação e manutenção do *website*);
- Transportadora;
- Serviço de supervisão e fornecimento de recursos humanos;
- Agentes de comercialização.

INSUMOS

- Kit VivaVôlei;
- Recursos humanos;
- Transporte.

MISSÃO DO PROCESSO

Difundir, democratizar e popularizar o voleibol no Brasil, através da captação de recursos junto às iniciativas pública e privada, objetivando a implantação de escolinhas de minivôlei para crianças de 7 a 14 anos, de todas as classes socioeconômicas.

PROCESSO

UNIDADE DE NEGÓCIOS VIVAVÔLEI

ATIVIDADES

- Planejamento Estratégico;
- Elaboração do Plano de Ação;
- Elaboração do Plano de Marketing;
- Captação proativa dos recursos junto às iniciativas públicas e privadas;
- Administração e controle do programa;
- Logística e distribuição dos kits;
- Suporte à implantação e aos Centros em geral;
- Monitoramento das atividades dos Centros;
- Reposição periódica do kit VivaVôlei;
- Capacitação e treinamento dos recursos humanos.

CLIENTES

- Patrocinadores (órgãos governamentais de todos os níveis e empresas privadas de qualquer segmento de mercado).

PRODUTOS

- Escolinhas de minivôlei que são implantadas a partir do fornecimento pela CBV dos equipamentos e materiais esportivos adequados à iniciação ao voleibol (kit VivaVôlei) com a chancela da Confederação Brasileira de Voleibol (CBV).

MEDIÇÃO DO PROCESSO

Comparação com períodos anteriores do Programa desde sua implantação;
- Relatórios mensais;
- Visitas regulares;
- Supervisão ativa dos núcleos;
- Contato telefônico e por e-mail.

RECURSOS

- Financeiros;
- Pessoal de campo (professores, estagiários, voluntários e vistoriadores);
- Pessoal administrativo;
- Infra-estrutura física, técnica e tecnológica.

MEDIÇÃO DO PRODUTO

- Número de Centros credenciados;
- Realização de eventos nos núcleos.

Este é um setor que lida com imensos desafios, em um país que possuía, entre 2001 e 2005, uma das três mais altas taxas de juros reais do mundo, a mais elevada carga fiscal sobre as pessoas jurídicas, e a maior volatilidade cambial.

Com a utilização dos tradicionais métodos de finanças empresariais, internalizados na CBV, esta promove a conciliação de contas, a otimização de entradas e saídas de caixa, e faz a execução orçamentária.

Merece menção o grande profissionalismo dos titulares do setor, que usando de grande criatividade, geraram um software completo para a gestão integrada de todas as operações financeiras. Em tempo real, logo, com a maior velocidade, a CBV e sua área financeira passam a conhecer suas posições bancárias, receitas e despesas, de tal forma que a empresa pode administrar, de fato, com elevada acurácia e sucesso, suas contas.

Este fato foi confirmado, tanto pelo contador quanto pelo auditor da CBV, que entendem que a empresa trabalha finanças como se fosse a filial sofisticada e dinâmica de uma multinacional.

É importante salientar que, para ter sucesso em seus empreendimentos, toda empresa precisa planejar. O ato do planejamento corresponde a uma ação preventiva, antecipativa, para que, mediante um exercício hipotético, se planteiem as situações desejadas e indesejadas, para que se conheça melhor, no período atual, o que está por vir.

O bom planejamento avalia os riscos e os retornos de um negócio. Verifica os vieses, os desvios que provavelmente afetarão uma atividade. Aqueles que puderem ser saneados e eliminados desde já, prontamente, tornarão o projeto mais forte e mais capacitado ao sucesso.

Por meio do desempenho obtido pela CBV no período de 1990 a 2005, em que a supremacia do vôlei brasileiro tornou-se comprovada e se consolidou, é certo afirmar que o planejamento da CBV foi muito bem pensado e executado.

Obter os louros do sucesso nas Olimpíadas de Atenas, com três medalhas no vôlei, é fruto do desenvolvimento de um árduo, obstinado e crescente trabalho, que começou com a feitura, pela CBV e seus dirigentes máximos, de um Plano Estratégico Esportivo.

Isto é, antes de agir, pensou-se, meditou-se, temperou-se o assunto esportivo. Somente após exaustivos debates, avaliações e encontros, em que se analisou o futuro, é que passou a deslanchar, com competitividade, o plano de transformação em longo prazo do vôlei nacional.

A Estrutura Interna da CBV

DIAGRAMA DO PROCESSO

Diagrama Planejamento – 24/06/2004.

FORNECEDORES

- Unidades de negócio e unidades de apoio;
- RM Sistemas;
- Domínio.

MISSÃO DO PROCESSO

Planejamento do orçamento e o acompanhamento da realização orçamentária da organização CBV

CLIENTES

- Unidades de negócios e unidades de apoio.

PROCESSO
PLANEJAMENTO

ATIVIDADES

- Elaborar orçamento econômico anual (próximos 12 meses);
- Elaborar acompanhamento do orçamento;
- Elaborar orçamento financeiro anual.

INSUMOS

- Informações e documentos;
- Suporte de software;
- Serviços contábeis.

PRODUTOS

- Planejamento anual (próximos 12 meses);
- Acompanhamento do orçamento/Fluxo de caixa.

RECURSOS

- Humanos, físicos e insumos.

MEDIÇÃO DO PROCESSO

- A definir.

MEDIÇÃO DO PRODUTO

- Cumprimento dos prazos para entrega dos produtos.

Estratégia Empresarial

Ressalte-se que este planejamento é um ato próprio da confederação, montado para ser individualizado e apropriado com as características típicas e únicas do vôlei. A literatura foi relevante para ajudar a construir o arcabouço do planejamento, todavia, passou-se longe de manuais pasteurizados, e de instituições que vendem cursinhos a rodo, sem sensibilidade organizacional.

O planejamento da CBV incorporou a experiência prática, pragmática, esportiva, realista, de numerosos homens e mulheres que conhecem o esporte com profundidade. Isto gerou uma modelagem de planejamento que não tem par.

Pessoas oriundas do setor esportivo juntaram, com paciência, suas experiências com presidentes e executivos de empresas, o que gerou uma união, uma amálgama rara de se encontrar, e que forma a inovação competitiva.

Eis também o porquê da alegria de compartilhar esta construtiva experiência com o leitor.

O planejamento de curto prazo segue, por sua vez, os padrões bem estabelecidos pelo mercado de serviços e industrial. Ele visa prever e atender aos programas, movimentos e assuntos financeiros, até o prazo de um ano.

12.10 Marketing

O marketing é, nos tempos modernos, um dos instrumentos mais relevantes e utilizados para assegurar a visibilidade, a competitividade, a capacidade de gerar vendas e relações acertadas, a imagem e a respeitabilidade de uma organização.

A CBV conhece profundamente o marketing esportivo, e se interessa por toda inovação referente ao setor, para poder inseri-lo em suas atividades. Conta com um núcleo de pessoas que se preocupam em estabelecer o melhor contato e a mais significativa relação com a imprensa, a mídia em geral, para gerar um processo transparente de comunicação com a comunidade.

O marketing exerce atualmente uma função crítica, que é associada à capacidade de atuar em uma sociedade cada vez mais ciente, consciente e crítica, que vê com alta satisfação o fato de o Brasil ser campeão mundial de vôlei, mas que exige cada vez mais. Nada lhe é suficiente, e a população quer ver mais valor, maior utilidade e maior satisfação no vôlei que pratica, vê e o insere em ambiente de convívio.

130

A área de marketing da CBV estuda, pesquisa e contrata temáticas sobre opinião pública, para acompanhar os gostos, as preferências, as motivações, os interesses, os valores e as objeções a respeito do vôlei. Isto permite que ela monitore as evoluções opinativas sobre o esporte, que são então repassadas à presidência e às gerências, segundo as necessidades, para a tomada das providências mais adequadas.

Entre inúmeras tarefas, o marketing da CBV atua para elucidar o mercado e promover novas imagens a respeito do já tão elevado conceito do vôlei brasileiro, o que se configura na apresentação e orientação do que possa ser sua produção esportiva, o processo de evolução de vendas e de conquista de novos patrocinadores, e o conceito social que existe no esporte, como é o caso do VivaVôlei, essencialmente útil às comunidades que o abraçam.

O marketing definiu que o mercado-alvo da CBV, logo, do vôlei, são todos os brasileiros com potencial para atuar como atletas e torcedores. E, em âmbito mundial, interessa conquistar a simpatia de todos os povos, para engrandecer a alma humana por meio do esporte, e fazer o bem, com alegria e satisfação.

O vôlei é um instrumento de paz, que gera e fornece harmonia. As crianças e os adultos o praticam e o sentem como um jogo que os une em torno do mesmo interesse. Em campo, no mesmo time, um membro depende do outro para que aconteça a melhor e mais bonita seqüência de lances. Isto é estético, e pode ser demonstrado ao público, para encantá-lo.

Isto faz parte do processo de conscientização e informação sobre o vôlei, e é marketing.

Ainda novo e recente no Brasil, mesmo sendo o segundo esporte mais praticado, visto e querido pelos brasileiros, o vôlei tem muito espaço a conquistar. E recaem sobre ele preferências femininas fortes, mostrando que o esporte ativo e dinâmico exerce fascínio sobre o charmoso sexo.

Em relação à segmentação, o vôlei não escolheu, para ser praticado, um segmento de renda. Ele se oferece e é amado por todos os brasileiros, indistintamente de raça, cor, credo, sexo ou idade. Quem desejar pode se entregar a ele, pois só terá a ganhar: saúde, satisfação, alegria, socialização, equilíbrio psicoemocional e, em certos casos, renda e muita riqueza!

O diagrama a seguir expõe claramente as atividades, os produtos, os clientes e os fornecedores do marketing da CBV. Fica bem evidente a preocupação proativa de interagir e de atuar com e para a sociedade. Isto capitaliza a CBV com mais e novas energias, tornando-a empática e simpática aos olhos da comunidade.

Estratégia Empresarial

DIAGRAMA DO PROCESSO

Diagrama Marketing v08 19/07/2004.

FORNECEDORES
- Assessoria de Imprensa;
- Assessoria Fotográfica;
- Serviços Gráficos;
- Serviços de Manutenção do Site;
- Serviço de Produção do Informativo;
- Serviço de Criação Publicitária;
- Serviço de Institutos de Pesquisas;
- Serviço de Agentes Comerciais.

MISSÃO DO PROCESSO
Captar recursos da esfera pública e privada para atender ao calendário de competições e produtos da organização e promover a imagem do voleibol.

PROCESSO
MARKETING

CLIENTES
- Presidência CBV;
- Unidades de negócios;
- Governo;
- Patrocinadores atuais;
- Patrocinadores potenciais.

ATIVIDADES
- Institucional: Prestar assistência aos eventos da presidência, elaboração de apresentações institucionais, assessorar na elaboração de eventos comemorativos, supervisionar o gerenciamento da mala, promover e desenvolver os veículos de comunicação externa buscando a divulgação da organização.
- Comercial: Elaborar os projetos comerciais dos produtos da organização, realizar a prospecção comercial dos produtos visando a captação de patrocinadores.

INSUMOS
- Informações dos clientes;
- Informações de mercado;
- Solicitação das unidades.

PRODUTOS
- Informativo;
- Comercialização dos produtos da CBV;
- Direito de transmissão;
- Novos negócios.

RECURSOS
- Recursos humanos;
- Recursos financeiros (previstos no orçamento da instituição);
- Serviços de informática;
- Correio;
- Materiais diversos.

MEDIÇÃO DO PROCESSO
- Cumprimento de prazos das atividades de marketing.

MEDIÇÃO DO PRODUTO
- Relatório de produtos da CBV fechados.

12.10.1 Imprensa

A imprensa exerce um papel essencial na CBV. Ela organiza, planeja e faz a mediação dos encontros do presidente, dos dirigentes, dos treinadores e dos atletas com todos que desejem transmitir informações e dados a respeito do voleibol brasileiro.

É um trabalho complexo, pois lida com a imagem de equipes que são campeãs mundiais e que lutaram muito para alcançar o pódio e permanecer lá.

A imprensa procura atender a todos da melhor forma possível, para estabelecer relacionamentos contínuos e profícuos com a mídia.

Também é responsável pela edição mensal do *Informativo da Confederação Brasileira de Voleibol*, uma simpática revista, colorida e bem animada, que mostra a evolução dos principais e mais recentes acontecimentos do vôlei, sob os auspícios e com o apoio da CBV.

Como ilustração e exemplo, podemos citar a revista número 18, ano 2, de agosto de 2004, que trata de assuntos marcantes e relevantes ao grande público.

▐◆ O vôlei brasileiro comemorou os 50 anos de fundação da CBV, que nasceu em 1954 e chegou a 2004. Seu primeiro presidente foi o ex-jogador Denis Rupert Hathaway (14/3/1955 — 15/2/1957), em um período ligado à Confederação Brasileira de Desportos. Hathaway, convicto do sucesso futuro do vôlei, montou todo um trabalho organizacional básico e se relacionou com os presidentes das federações estaduais, para criar uma organização integrada, forte e irmanada pelos mesmos interesses esportivos em prol do Brasil.

▐◆ Também foram presidentes da CBV:
Abrahão Antonio Jaber (15/02/1957 — 13/02/1959);
Paulo Monteiro Mendes (13/02/1959 — 9/02/1961);
Roberto Moreira Calçada (9/02/1961 — 18/01/1975);
Carlos Arthur Nuzman (18/01/1975 — 7/01/1997); e
Walter Pitombo Larangeira (7/1995).

▐◆ Em 1999, a CBV ganhou pela terceira vez consecutiva o reconhecimento, pela Federação Internacional de Voleibol, de 'a mais bem-sucedida federação de vôlei do mundo, pelo triênio 1997, 1998, 1999'.

Estratégia Empresarial

◗ No vôlei de praia, sobre as conquistas do time masculino adulto em 149 torneios internacionais organizados pela FIBV, entre 1987 e 2003, o timaço brasileiro subiu ao pódio 142 vezes e, nas 11 edições do Circuito Mundial, foi campeão 9 vezes;

◗ No vôlei de praia feminino, em 99 torneios internacionais da FIVB, as brasileiras subiram ao pódio 91 vezes, de 1987 a 2003 e, nas 11 edições do Circuito Mundial, ganharam 10 vezes;

◗ Na luta por uma conquista inédita, que ainda não aconteceu, o time feminino, que competiu nas Olimpíadas de Atenas, foi composto pelas seguintes jogadoras: Walewska — 1; Elisangela – 2; Érika — 3; Mari — 5; Fofão — 7; Valeskinha — 8; Sassá — 9; Virna — 10; Bia — 11; Fernanda — 14; Arlene — 15; e Fabiana — 16.

Nas páginas seguintes, apresentamos três capas de edições recentes do informativo da CBV. Elas mostram, de forma bem ilustrativa, grandes acontecimentos do mundo do vôlei centrados nas equipes brasileiras.

◗ Na primeira capa, o presidente recebe, em nome da CBV, o reconhecimento pela excelência organizacional, dispondo pela primeira vez, no setor esportivo, da ISO — 9001 de Qualidade.

◗ Na segunda capa, o time masculino de vôlei regressa ao Brasil na condição de tricampeão. Vale lembrar que, em 2005, o Brasil tornou-se pentacampeão.

◗ Na terceira capa, são destacadas a nova geração de atletas e as atuações no circuito mundial. As mulheres brilham no vôlei e o esporte traz consigo todo o charme feminino.

12.11 Administração

Uma das chaves do sucesso empresarial é o talento empresarial e administrativo. A superintendência que atua nesta área há de coordenar, concatenar, interligar, prover os meios e associar em rede todas as áreas de apoio e *staff*, que promovem o apoio às superintendências ditas operacionais e de frente. (veja o quadro da página 138.)

Neste âmbito se estabelecem processos, rotinas e afazeres que se repetem, exigindo o preparo regular, como nas áreas de finanças, contabilidade, estocagem/almoxarifado e afins.

134

A Estrutura Interna da CBV

Estratégia Empresarial

A Estrutura Interna da CBV

Estratégia Empresarial

DIAGRAMA DO PROCESSO

Diagrama Atribuições Estratégicas da Superintendência de Administração e Registro – 24/06/2004.

MISSÃO DO PROCESSO

Registrar e gerenciar o cadastro de atletas e profissionais nas modalidades indoor e praia e proceder as transferências de atletas nacional e internacionais na modalidade indoor.

FORNECEDORES

- Federações (informações/dados);
- Programador de computação (sistema de banco de dados);
- Unidades da CBV (informações/dados): Presidência, Marketing, Competições Nacionais, Cobrav, Comissão Nacional de Treinadores, Seleções, Eventos, Vôlei de Praia e VivaVôlei;
- Serviços gráficos (carteiras de atletas, profissionais e homenageados);
- Serviços de postagem internacional.

INSUMOS

- Informações/dados das Unidades da CBV e das Federações.

PROCESSO

ADMINISTRAÇÃO/REGISTRO

ATIVIDADES

- Registro/inscrição de atletas de Vôlei de Quadra e Praia;
- Renovação de Inscrição de Atleta;
- Transferência de atleta entre Associações de uma mesma Federação; Transferência de atleta entre Associações de Federações diferentes;
- Cessão temporária entre associações de uma mesma Federação; cessão temporária entre Associações de Federações diferentes;
- Registro de técnico – Nível Aspirante; Registro de Técnico – Nível I; Registro de Técnico – Nível II; Registro de Técnico – Nível III; Registro de Massagista;
- Registro de Médico; Registro de Fisioterapeuta; Registro de Árbitro;
- Registro de Apontador;
- Recadastramento de Técnico;
- Emissão de relatório de cobrança;
- Nota oficial;
- Transferência internacional de atletas;
- Emissão de Certificado de Participação de Federação em Campeonatos; Emissão de Atestado de Filiação da Federação;
- Inserir no Sistema CBV a participação dos atletas e comissão técnica em competições oficializadas pela CBV e as competições internacionais;
- Consolidação do Relatório Anual das Atividades da CBV.

CLIENTES

- Federações;
- Unidades da CBV: Presidência. Relações Institucionais. Competições Nacionais. Cobrav. Competições Nacionais, Comissão Nacional de Treinadores. Seleções, Eventos. Vôlei de Praia e VivaVôlei;
- Atletas (transferências internacionais);
- Clubes (em caso de transferência internacional).

PRODUTOS

- Informações/dados;
- Carteiras de atletas, profissionais e homenageados;
- Nota oficial.

RECURSOS

- Financeiros;
- Humanos;
- Sistema de banco de dados.

MEDIÇÃO DO PROCESSO

- Nota oficial.

MEDIÇÃO DO PRODUTO

- Cronograma de implantação do Sistema de Registros nas Federações;
- Pesquisa anual de satisfação de clientes.

As funções desempenhadas pela administração são fundamentais para o ótimo desenvolvimento integrado da CBV. Clássicas, usuais e também criativas, essas funções asseguram a integração da empresa e das UENs em torno de objetivos comuns, conforme mostra o diagrama anteriormente apresentado.

A administração da CBV se preocupa em oferecer ritmo, andamento e prosseguimento de atividades à CBV. As unidades necessitam atuar de forma alinhada, para que consigam atender às suas diversas e inúmeras clientelas e, neste quesito, contam com os prestimosos apoios da administração.

12.11.1 Gestão de Pessoas

Toda organização é constituída, em primeiro lugar, por pessoas. Elas são o elemento mais precioso, mais importante e mais caro que uma organização pode e deve ter.

Sem gente, sem colaboradores, uma empresa simplesmente não existiria.

Por isto, a área de Gestão de Pessoas preocupa-se em montar, manter e fazer progredir a melhor equipe de pessoas com a qual a CBV possa contar.

As funções usuais da Gestão são encontradas nesta área, conforme demonstra o diagrama a seguir.

Lidar com o capital humano, na CBV, é certamente uma arte. E das mais raras e difíceis.

De fato, há pelo menos três dimensões e tipologias de pessoas que fazem parte do universo interno da CBV, e elas são bem diferenciadas quanto aos aspectos de custo.

Há colaboradores que assumem cargos não remunerados, nas funções de presidentes de federações, há profissionais, e o imenso grupo dos treinadores, dos membros das comissões, dos árbitros e juízes, e de atleta, que podem ou não ser remunerados, conforme sejam profissionais ou amadores.

Isto significa que existe uma curiosa mistura de pessoas que colaboram graciosamente, em uma ação voluntária na qual buscam a satisfação, a auto-realização, e há um segundo grupo que atua no voleibol para dele extrair seu sustento.

Saber temperar bem e associar com equilíbrio estes dois grupos é de fato uma arte. Na área de Gestão de Pessoas isto se reflete, por exemplo, na feitura de relações trabalhistas que sejam claras e que não deixem dúvidas à identificação do que cada um faz, em qual situação e para quem.

Estratégia Empresarial

DIAGRAMA DO PROCESSO

Diagrama Gestão de Pessoas v05 17/06/2004.

MISSÃO DO PROCESSO

Administrar e executar as políticas práticas e instrumentos para pautar o comportamento humano, buscando satisfação, produtividade no trabalho e a motivação dos colaboradores, atingindo as expectativas da organização.

FORNECEDORES

- ◆ Benefícios
  - • Prestadores de Serviços na Área de Benefício.
- ◆ Recrutamento e Seleção
  - • Prestadora de Serviços para Recrutamento e Seleção, consultorias convênios para estágio.
- ◆ Administração de Pessoal
  - • Domínio Soluções
  - • Sindicatos
  - • Banco do Brasil
  - • RM Sistemas
- ◆ Treinamento/Educação Continuada
  - • Prestadora de Serviços na Área de Formação, Aperfeiçoamento, Qualificação e/ou Capacitação de Recursos Humanos.

CLIENTES

- ◆ Gerentes e Colaboradores;
- ◆ Estagiários;
- ◆ Prestadores de Serviços.

PROCESSO

GESTÃO DE PESSOAS

ATIVIDADES

- ◆ Recrutamento e Seleção;
- ◆ Integração (admissão);
- ◆ Desligamento (homologação);
- ◆ Ambientação (interagir com a organização);
- ◆ Treinamentos;
- ◆ Programa de Educação Continuada;
- ◆ Controle de Benefícios;
- ◆ Controle de Férias;
- ◆ Controle de Programa Médico de Saúde Ocupacional;
- ◆ Contratação de Estagiários;
- ◆ Contratação de Prestação de Serviço Temporário;
- ◆ Emissão de Folha de Pagamento;
- ◆ Controle e emissão de encargos sociais, trabalhistas e tributários.

INSUMOS

- ◆ Profissionais talentosos empreendedores;
- ◆ Currículos;
- ◆ Identificação de necessidades.

PRODUTOS

- ◆ Pagamento aos colaboradores;
- ◆ Recrutamento e Seleção;
- ◆ Benefícios.

RECURSOS

- ◆ Recursos Humanos;
- ◆ Recursos Financeiros;
- ◆ Infra-estrutura tecnológica e de comunicação;
- ◆ Faculdade;
- ◆ Consultorias.

MEDIÇÃO DO PROCESSO

- ◆ Checklist para folha de pagamento.

MEDIÇÃO DO PRODUTO

- ◆ Folha de Pagamento.

12.11.2 Atividades de Apoio

A organização necessita de uma seção de apoio, equivalente a um *staff*, para realizar a contento as suas atividades. O diagrama ilustra as atividades, clientes, fornecedores e processos de atuação desta área de apoio.

12.11.2.1 Sistema de Registro

O Sistema de Registro faz o papel de cadastramento, conhecimento e inserção no banco de dados, de todos que tenham algum tipo de relação com a CBV.

Merece destaque, neste contexto, o registro dos atletas amadores e profissionais, assim como dos confederados, estado por estado. Para a CBV, é importante verificar quais atletas são ativos e continuam a jogar, quais são inativos e por quais razões.

Em um conceito mais amplo, o registro assume também os dados de fornecedores, de clientes, e os endereços relevantes para a CBV, com vistas a assegurar uma excelente relação com todo o mercado e a comunidade em geral.

12.11.2.2 Sistema Vôlei Travel

O Sistema Vôlei *Travel* é o responsável pela administração, confirmação e entrega das passagens de transporte, sejam rodoviárias, aéreas ou outras, a todos que necessitem viajar para o exercício de suas atividades.

Esta seção preocupa-se com o provimento de passagens, bilhetes, *vouchers*, diárias e afins, a todos que venham a exercer uma atividade aprovada na CBV, pela CBV. Isto inclui os dirigentes e suas missões de representação em todo o país e no exterior; o envio das equipes e seleções para torneios locais, nacionais e internacionais; o recebimento de convidados da CBV que, por ela e através dela, se locomoverão pelo território nacional e por atividades afins.

Estratégia Empresarial

DIAGRAMA DO PROCESSO

Diagrama Serviço ao Pessoal v05 24/06/2004.

FORNECEDORES
- Condomínio;
- Gráfica;
- Material de escritório;
- Correio;
- Fotocópias/Gráficas;
- Manutenção e conservação das instalações, equipamentos e plantas;
- Transportes;
- Administração de terceirizados.

INSUMOS
- Solicitações de serviços das unidades/áreas;
- Correspondências.

MEDIÇÃO DO PROCESSO
- Faturas.

MISSÃO DO PROCESSO
Dar suporte aos serviços gerais para todas as unidades da organização.

PROCESSO
SERVIÇO AO PESSOAL

ATIVIDADES
- Protocolar documentos postados com numeração;
- Coordenar e supervisionar as atividades de prestação de serviços de limpeza e recepção;
- Coordenar os serviços dos mensageiros;
- Controlar e supervisionar os problemas técnicos (vazamentos, eletricidade, serviços gerais etc.);
- Comprar material de copa e limpeza;
- Controlar malote e correio;
- Contratar, coordenar e supervisionar os serviços de manutenção das instalações, móveis, equipamentos e plantas;
- Comprar e controlar material de escritório;
- Classificar e pagar as contas da CBV sob a responsabilidade da área de serviço ao pessoal.

RECURSOS
- Recursos Financeiros;
- Recursos Humanos;
- Infra-estrutura tecnológica e de comunicação.

CLIENTES
- Unidades de negócio;
- Unidades de apoio;
- Alta administração;
- Prestadores de serviços.

PRODUTOS
- Manutenção, conservação e limpeza das instalações, móveis e equipamentos;
- Serviços de correio, repografia, gráfica, papelaria e outros necessários ao apoio administrativo.

MEDIÇÃO DO PRODUTO
- Não aplicável.

A Estrutura Interna da CBV

DIAGRAMA DO PROCESSO

Diagrama de Passagem Hospedagem v04 21/06/2004.

FORNECEDORES

- Companhias aéreas;
- Agências de viagens;
- Hotéis;
- Locadoras de veículo;
- Empresa de seguro de viagens;
- Transportes rodoviários;
- Empresa de software.

MISSÃO DO PROCESSO

Administrar a verba, organizar e facilitar as solicitações de passagens e hospedagens para todas as unidades/áreas.

PROCESSO

ÁREA DE VIAGENS E HOSPEDAGENS

CLIENTES

- Unidades de negócio;
- Unidades de apoio;
- Alta administração.

ATIVIDADES

- Emissão de passagens aéreas;
- Reserva de hotel;
- Emissão de seguro viagem;
- Locação de transporte de pessoas;
- Negociação de melhores preços junto aos fornecedores;
- Verificação de faturas;
- Controle do faturamento contra verbas;
- Orçamento comparativo de valores;
- Utilização do sistema de Passagem e Hospedagem;
- Tratamento VIP alta administração;
- Elaboração de roteiros de viagens para alta administração.

INSUMOS

- Solicitação de transporte de pessoas, aéreo e/ou terrestre;
- Solicitação de hospedagem;
- Solicitação de seguro viagem.

PRODUTOS

- Passagem;
- Voucher de serviço terrestre: hospedagem, aluguel de veículo, evento e outros;
- Roteiros para alta administração;
- Relatórios dos serviços realizados ou solicitados.

MEDIÇÃO DO PROCESSO

- Código de confirmação da reserva (aérea/terrestre);
- Rastreamento de reservas aéreas através do sistema de reservas Amadeus;
- Avaliação dos fornecedores.

RECURSOS

- Recursos Humanos;
- Recursos Financeiros;
- Infra-estrutura tecnológica e de comunicação.

MEDIÇÃO DO PRODUTO

- Não aplicável.

143

Estratégia Empresarial

12.11.2.3 Sistema de Instrumentos Jurídicos

A área jurídica lida com o conjunto de questões legais, o que inclui um numeroso conjunto de atividades, destacando-se entre elas: a manutenção dos documentos, contratos e relações legais da CBV em ordem e atualizados; o atendimento da legislação vigente; a interpretação das leis, portarias e medidas e a adequação a elas; a sugestão de cobranças e medidas de defesa legal, segundo as circunstâncias.

A estrutura conta com advogada da própria CBV e pode, segundo cada caso, contar com apoio externo. Fundamental é a relação de contratos, procedimentos e documentos associados a patrocínios e vínculos entre a CBV e seus patrocinadores, fornecedores e clientes.

Existem contratos individuais, feitos sob medida, relacionados a cada situação nova que se apresenta. E existem contratos-padrão, como os do VivaVôlei, que dão grande velocidade a acordo de apoio ao vôlei sob ótica social, feitos entre a CBV e patrocinadores empresariais, prefeituras e outros.

12.11.2.4 Armazém Esportivo

O Armazém Esportivo é o local que recebe, guarda, preserva e, portanto, armazena todo o conjunto de material esportivo que o voleibol precisa para seu bom funcionamento.

Sejam bolas, redes, macacões, uniformes, calções, *shorts*, apitos e outras indumentárias comuns à prática do vôlei, sejam cartazes e informativos que facilitam a divulgação das atividades em todo o Brasil, o Armazém Esportivo desempenha um papel de reserva e guarda de artigos esportivos.

Nada pode faltar. Seja para um jogo das seleções, seja para um amistoso simples, seja para os programas do VivaVôlei, o Armazém faz o devido provimento e administra os estoques de cada bem e mercadoria de que o vôlei precisa para ser bem praticado.

A tecnologia do gestor do Armazém tem sido muito bem-sucedida, na medida em que ele antecipa as necessidades mensais e atende de forma proativa os pedidos de todas as unidades estratégicas de negócios. Antes de faltar um produto, ele é reposto. Mas não é preciso repor, se a demanda não se repete ou aquece. Isto porque fazer estoques de produtos que ficam parados não faz sentido.

A Estrutura Interna da CBV

DIAGRAMA DO PROCESSO

Diagrama Estratégico do Processo Jurídico v04 21/06/2004.

FORNECEDORES

- Consultorias jurídicas;
- Escritórios de advocacia;
- Empresas que prestam serviços afeitos e ligados à causa referentes à organização.

MISSÃO DO PROCESSO

Interagir em todas as áreas da organização no sentido de assessorá-las juridicamente.

PROCESSO
JURÍDICO

ATIVIDADES

- Acompanhar todos os processos junto ao consultor;
- Assessorar as áreas de apoio e de negócios nos assuntos pertinentes à área;
- Acompanhar todos os contratos da CBV, compreendendo a sua avaliação quanto forma e ao conteúdo jurídico, chancela;
- Elaborar as Atas das Assembléias, dando às mesmas os registros e arquivos;
- Orientar a todas as federações no processo de melhorias de seus estatutos e conformidade com a legislação;
- Conduzir o processo de melhoria contínua do estatuto da CBV, sempre ouvindo áreas, buscando a formatação da estrutura organizacional e negocial, como adequação.

CLIENTES

- Unidades de negócios da Confederação e Federações Estaduais de Vôlei.

INSUMOS

- Fatos;
- Diplomas legais (leis, decretos, regulamentos, medidas provisórias;
- Palestras, seminários, congressos.

PRODUTOS

- Assessoria jurídica;
- Controle de instrumentos jurídicos.

MEDIÇÃO DO PROCESSO

- A definir.

RECURSOS

- Financeiros
- Humanos
- Infra-estrutura

MEDIÇÃO DO PRODUTO

- Ganhos de causa nos processos.

145

Então, o Armazém funciona sobre o movimento e os contratos que chegam das unidades. O importante é que sempre exista um estoque estratégico, que favoreça a satisfação da demanda e não gere o custo da falta ou da falha. E que não ocorram excessos, já que o produto ficaria parado, sem uso, envelhecendo e se deteriorando.

Como no Brasil se pratica uma das taxas de juros reais mais altas do mundo, não faz sentido estocar. O dinheiro tem uso melhor no giro dos estoques e na promoção das virtudes do vôlei, quando praticado em prol dos cidadãos.

Conforme mostra a seguir o diagrama do processo do setor Armazém, os fornecedores de produtos esportivos são numerosos e comprovam o envolvimento de empresas geradoras de bens e serviços na criação do vôlei como esporte e lazer. Constam empresas como a Mikasa, Calçados Azaléia, Olympikus, Cambuci, Penalty, Pangue Produtos Esportivos, AirTime Produtos e Serviços, Adhesive Tape Ind. e Com. Ltda., Baika Art&Co Promocional Ltda, Jomavi Confecções Ltda., Fibertec Plásticos Reforçados Ltda., Mundo Esportes Ltda., entre outras.

12.11.2.5 Tecnologia

A temática tecnologia, na CBV, se apresenta de três formas diferenciadas, que são ao mesmo tempo complementares. Tecnologia de Gestão e Comando Estratégico, Tecnologia de Operacionalização e Logística Integrada, e Tecnologia de Otimização dos Atletas, dos Jogos e dos Métodos de Jogar.

A Tecnologia de Gestão e Comando Estratégico são praticados na CBV em nível presidencial e de treinadores de seleções. Todos aqueles que exercem cargos de alta responsabilidade, porém, conhecem bem os fundamentos da arte da liderança, do comando, do exercício da autoridade e da estratégia.

A Tecnologia de Operacionalização e Logística Integrada é praticada com grande destreza pelos superintendentes, gerentes e responsáveis pelas UENs — Unidades Estratégicas de Negócios. A capacidade de ação, de movimentação e de mudança, em tempo contínuo e real, é testada em regime permanente, exigindo nervos de aço desses gerentes.

A Tecnologia de Otimização dos Atletas, dos Jogos e dos Métodos de Jogar é desenvolvida, monitorada e executada pelas equipes de coordenação, seleção, treinamento e comando, durante os jogos das equipes de voleibol.

A Estrutura Interna da CBV

DIAGRAMA DO PROCESSO

Diagrama Processo Armazém v03 05/07/2004.

FORNECEDORES
- Mikasa;
- Calçados Azaléia S/A; (Olympikus) Cambuci S/A. (Penalty);
- Pangue Produtos Esportivos Ltda.;
- AirTime Produtos e Serviços Ltda.;
- Adhesive Tape Ind. e Com. Ltda.;
- Baika Art. & Co Promocional Ltda.;
- Jomavi Confecções Ltda.;
- Fibertec Plásticos Reforçados Ltda.;
- Mundo Esportes Ltda.;
- Confederação Brasileira de Voleibol – Rio;
- Centro de Desenvolvimento Saquarema – Aryzão;
- Federações Estaduais de Voleibol.

INSUMOS
- Bolas;
- Brindes;
- Uniformes Esportivos p/ Seleções;
- Material p/ Marketing;
- Material p/ VivaVôlei;
- Material p/ Vôlei de Praia;
- Material p/ Vôlei de Quadra;
- Material de apoio p/ Comissão Técnica;
- Material p/ exame *Antidoping*;
- Material p/ Arbitragem.

MEDIÇÃO DO PROCESSO
A definir.

MISSÃO DO PROCESSO
Armazenar materiais e equipamentos esportivos utilizando as melhores práticas, com o objetivo de disponibilizá-los com eficiência e eficácia.

PROCESSO
ARMAZÉM ESPORTIVO – CBV

ATIVIDADES
- Recepcionar materiais e equipamentos esportivos em geral destinados aos atletas das seleções e à Confederação Brasileira de Voleibol;
- Guardar e disponibilizar adequadamente os materiais e equipamentos destinados aos atletas das seleções e à Confederação Brasileira de Voleibol;
- Atender a contento as solicitações de todas as Unidades de Negócios e de Apoio da Confederação Brasileira de Voleibol;
- Manter controle de todos os itens sobre a nossa guarda;
- Manter as instalações fiscais em bom estado de asseio e conservação.

RECURSOS
- Pessoal: 1 Analista de Armazém Esportivo responsável pela administração, supervisão e controle do Armazém Esportivo e 1 Auxiliar de Armazém Esportivo responsável pelas tarefas de manuseio, arrumação, ordenação e asseio do armazém;
- Financeiro: Necessário para manutenção, conservação e funcionamento do armazém.
- Material: hidráulico, de iluminação, de limpeza, café e água.

CLIENTES
- Interno: Todas as Unidades de Negócio e de Apoio de Confederação Brasileira de Voleibol;
- Externo: Todas as Federações Estaduais de Voleibol, Coordenadores das Escolinhas de VivaVôlei e Circuitos de Vôlei de Praia.

PRODUTOS
- Atender às solicitações das unidades de processo e unidades de apoio da CBV;
- Receber, conferir e acompanhar as entregas de materiais para a CBV;
- Manter em condições de uso todas as instalações e equipamentos do armazém esportivo;
- Fornecer informações necessárias objetivando atender às necessidades da CBV.

MEDIÇÃO DO PRODUTO
- Contagem física de todos os itens de estoque através de inventário rotativo.

Estratégia Empresarial

Como o que importa é a seqüência infinita de vitórias, estas tecnologias devem gerar um resultado imediato e contínuo, provando a sua eficácia e atualizando-se para superar sempre os concorrentes. Há de haver um hiato, um diferencial, entre o saber, o conhecer, o dominar, o ser capaz de inventar e criar, o ter condições de aprender e absorver toda inovação, e a capacidade dos concorrentes. Quanto mais estes elementos são bem desenvolvidos e disseminados para aqueles que atuam e jogam a favor do time CBV, em relação aos concorrentes, tanto maior pode ser a diferença tecnológica em face dos competidores, e derrotá-los pode tornar-se uma probabilidade mais realizável.

Para conceber a tecnologia, foi analisado o período entre 1940 e 2004, por meio de um procedimento capaz de gerar mais saber e o seu domínio. A CBV empreendeu pesquisas em múltiplos campos e, sobretudo entre 1990 e 2005, elas foram se multiplicando e gerando efeitos marcantes.

Estes campos abrangem desde a formação de uma metodologia própria de gestão e de direcionamento estratégico para o voleibol, o estudo ergométrico dos movimentos dos jogadores para realizar suas tarefas nas quadras, até a escolha dos equipamentos ótimos com os quais os jogadores devem treinar para capacitar-se ao máximo.

A concepção de um projeto feito para vencer é complexa. Então, os pensadores da CBV buscaram na clássica literatura sobre o desenvolvimento de projetos, e nos estudos mais modernos, sua fonte básica de inspiração, merecendo destaque o refinamento das próprias idéias dos dirigentes da CBV.

É importante ressaltar que poucos são aqueles que abrem a caixa-preta da tecnologia, que criam e assumem apresentá-la à comunidade. Ela é um 'segredo de Estado' e pode render frutos como vitórias e dinheiro. E, em uma comunidade, são poucos aqueles que procuram entender como se chegou a um resultado específico, particularmente quando ele demora, exige muitos sacrifícios, envolve inúmeros interesses, e é produzido por uma malha de numerosas pessoas ao longo do tempo.

Como afirma Stephane Groueff em seu livro Manhattan Project, 'os próprios norte-americanos desconheciam a aventura na qual o poder industrial de seu país havia entrado secretamente e com sabedoria, a um custo colossal e com um esforço sem precedentes, com vistas a produzir a bomba. Muitos cientistas e partícipes deste projeto desejavam sinceramente que os esforços do Projeto Manhattan tivessem sido empregados para outros objetivos, mais nobres. Desafortunadamente, a escolha não era deles'.

148

A Estrutura Interna da CBV

No caso do voleibol, foram feitas escolhas alegres, saudáveis e cheias de boas intenções, para gerar felicidade e saúde aos brasileiros, convertendo muitos deles em praticantes e torcedores do voleibol, o que por sua vez geraria, como já asseguradamente gera, empregos bem remunerados e oportunidades de negócios àqueles que se envolvem com nele.

Significa que os estrategistas da CBV criaram mecanismos que conseguiram e visam envolver em ritmo e intensidade crescente o maior número de indivíduos, de agremiações, de clubes, de empresas e de autoridades, em um mecanismo que cria um sistema no qual todos agem e interagem, cada um com suas funções e interesses.

Desta forma, o Projeto Voleibol, que é a paz na mais completa acepção da palavra, e mostra isso na medida em que um time só pode vencer se todos os seus membros se ajudarem e colaborarem ao máximo durante um jogo cooperado que é único no mundo. Pois bem, o Projeto Voleibol teve de oferecer uma tecnologia orientada para a soma de esforços. Assim, o que magnifica o vôlei é uma tecnologia de integração, de união, de alinhamento calibrado, e de sustentação eqüitativa das forças que o integram.

Buscar esta tecnologia e não ter medo de expô-la à comunidade, mas ter vontade de compartilhar o que se alcançou, em verdadeira união com todos os interessados, é uma das grandes metas.

A proposta e o pensamento do presidente são claros: 'Se já alcançamos esta excelência e crescemos a este ponto, vamos mostrar a todos. Quando a gente já detém uma tecnologia, ela deve ser superada, e será mesmo por alguém, em algum momento do futuro. Então, a tecnologia atual vai se defasando, perdendo. Faz todo o sentido que mostremos o que sabemos, o que alcançamos e como fizemos isso, para que outras pessoas e grupos possam usufruir das nossas vitórias e sintam por que conseguimos superar nossos limites. Desta forma, uma nova e melhor tecnologia esportiva será inventada — espero que continue sendo feita por nós, brasileiros – e gerará novos benefícios às atuais e futuras gerações'.

A Tecnologia da CBV refinou-se e descobriu, no plano geral, os seguintes fatores decisivos para o sucesso:

a) É preciso planejar e ter um ótimo plano;
b) É fundamental ter capacidade de convencimento sobre as pessoas e divulgar as idéias e planos com enorme clareza. Quanto mais claro, enfático e simples, melhor;

Estratégia Empresarial

c) Tudo o que importa, interessa e faz parte da rota de sucesso de um projeto, deve receber imediata, profunda e proporcional atenção dos gestores do projeto;

d) As pessoas devem saber o que está acontecendo e o que está por acontecer. Informações e dados claros, somados ao acesso para exercer muito bem uma função, precisam estar disponíveis, sempre;

e) Os líderes de um projeto ou de um jogo devem manter incansavelmente a sua convicção, a sua positividade, o seu otimismo responsável e a sua integridade, para exercer autoridade e aumentar o moral e o espírito de equipe de seus colaboradores;

f) Toda vez que se fizer necessário, deverá ser criado um comitê móvel e muito ativo, para resolver qualquer problema que se interponha à obtenção de um objetivo;

g) Na operacionalização dos jogos, todos os métodos e as alternativas de jogos, jogadas, lances e formações de equipes deverão ser testados, para ver quais são as melhores, as suas vantagens e desvantagens, e com quais se deve ir ao campo, para vencer;

h) Em todo jogo, é fundamental conhecer o perfil dos adversários, seus métodos e estilos de jogo, e ter a resposta pronta para neutralizá-los implacavelmente. Não pode escapar um pensamento, um gesto, um treino, um lance, que eles tenham tido;

i) Em todo jogo, saber ser maleável, flexível e mutável, é determinante para a vitória. Surpreender e usar métodos alternativos é comprovação de criatividade;

j) É essencial estabelecer, com cada time de comando, administrativo, logístico, de apoio, de operacionalização, e de treinadores e jogadores, em suas áreas, a intertroca e a promoção da evolução científica. Isto inclui o estabelecimento de uma visão clara a respeito de assuntos como produção, resultado, defesa, ataque, neutralização, anulação, liquidação, abertura, fechamento, participação, rotação, substituição, troca e afins;

k) Deve haver método de trabalho. Mesmo havendo alternativas, um método precisa ser escolhido e firmado, para ser dirigido aos propósitos estratégicos;

l) Para tornar o projeto o melhor e campeoníssimo, não tenha dúvidas: chame os melhores, mais inventivos, mais ousados, mais capazes e mais ambiciosos, mesmo que eles sejam cabeças-duras, difíceis no trato, vaidosos e completamente individualistas;

m) Aponte cada problema, tarefa e desafio, para quem for o melhor em sua área de especialização;

n) Na hora de montar um time, é bom escolher aqueles que mergulham no projeto de corpo e alma. Importam aqueles que não medem o tempo, pois este deixa de existir face aos propósitos maiores. ■

Para definir e exemplificar momentos que envolvem tecnologia para o voleibol, destacamos as situações, em forma resumida.

◆ Para conhecer e mapear a si mesmo e os adversários durante os jogos, a seleção brasileira de voleibol usa um software que foi desenvolvido em 1996. Quem quer vencer precisa de Tecnologia da Informação, de um bom banco de dados e também de um Sistema de Inteligência Gerencial.

◆ O programa de computador, instalado em dois ou três laptops ao mesmo tempo, permite que dados e informações gerados pelo sistema de estatística e análise tática, que foi criado e desenvolvido pela comissão técnica da equipe do Brasil, sirva de base de alimentação de dados para o treinador titular. Dispondo dos dados e de uma boa capacitação estatística, o treinador interpreta mensalmente os sinais que recebe, agrupa as informações mais relevantes e procede ao ato decisório e de deliberação. Em campo, os atletas recebem as novas instruções e se plantam conforme os últimos comandos.

◆ Durante as Olimpíadas de 2004, por exemplo, o software e a emissão de ordens advindas da interpretação de seus dados jogaram um papel decisivo na obtenção da medalha de ouro. O time era brilhante e superior ao ótimo adversário, mas no seu natural nervosismo, e considerando que seu jogo também havia sido mapeado, estava cometendo mais erros do que o normal e aceitável. Então, a comissão notou que o time precisava mudar a forma de atacar, nos instantes em que Ricardinho, o levantador, não recebia a bola na melhor das circunstâncias.

◆ Dado o histórico acima, não dava para tentar jogadas rápidas, mas o Brasil tinha como forte a velocidade. O que fazer? Bernardinho escolheu uma tática mais cadenciada, levantando as bolas altas na ponta, dispondo de calma para colocá-las no chão. Nessa hora, abandonou-se a variação de jogadas. Em troca, adotou-se a filosofia da 'água mole em pedra dura, tanto bate até que fura'.

◆ O auxiliar técnico de Bernardinho, Ricardo Tabach, usou o laptop de alto desempenho para orientar o treinador e toda a comissão técnica. Enquanto isso, Roberta Lima, criadora do programa, posicionada em um local alto, que lhe davam uma noção ampla do conjunto dos movimentos de todos os jogadores, viu e repassou para o computador as evoluções da quadra. Os dados chegaram em tempo real ao laptop do banco de reservas do Brasil, que estava ligado em rede a mais um micro instalado na quadra. O auxiliar Chico Santos apreciou o que viu e soprou mensagens ao treinador Bernardinho, que então tomou suas decisões. Assim, ele modificou o esquema do jogo, para modificar uma situação indesejável e virar o jogo, garantindo mais uma vitória.

|◆ Após dois acertos gerados por dados e interpretações informatizadas, em agosto de 2004, na hora da decisão da medalha de ouro mais uma vez conquistada pelo Brasil, Bernardinho orientou o time a agir mais cadenciado, precavido e clássico, conquistando assim a vitória de 3 × 1. No final, emocionados, os jogadores deram um mergulho na quadra, que deixou em lágrimas os atenienses, os italianos e todos os brasileiros.

12.11.2.6 Centro de Vôlei de Saquarema

O CDV — Centro de Desenvolvimento de Vôlei Brasil é o resultado de visionários que, extrapolando, querem levar as habilidades humanas promovidas pelo voleibol ao ápice, ao ponto máximo do desempenho potencial e efetivo humano.

O CDV é a concepção mais completa de apoio integral a todas as necessidades que um voleibolista possa ter ou sonhar. Ele corresponde a um vasto espaço físico, construído com o que de melhor a tecnologia mundial pode oferecer para o desenvolvimento de atletas de alta performance.

Podemos nos atrever a afirmar que, como os atletas que podem utilizar a infra-estrutura do CDV são obrigatoriamente de alta performance quando lá chegam, ao utilizarem amiúde o local, eles saltam para uma nova categoria, a dos megaatletas de supraperformance.

A Estrutura Interna da CBV

DIAGRAMA DO PROCESSO

Diagrama Tecnologia v04 14/06/2004.

MISSÃO DO PROCESSO

Garantir o melhor uso dos recursos tecnológicos, buscando constantemente a satisfação dos clientes da organização.

PROCESSO
ÁREA DE TECNOLOGIA

FORNECEDORES

- Telecomunicações
  - Manutenção
  - Comunicação de dados
  - Comunicação de voz
- Informática
  - Software
  - Hardware
  - Consultoria

CLIENTES

- Gerentes;
- Colaboradores da CBV;
- Imprensa;
- Armazém.

ATIVIDADES

- Administração do servidor de redes;
- Administração do servidor de e-mail;
- Manutenção preventiva (backup);
- Manutenção dos serviços do servidor;
- Administração dos sistemas de comunicação de voz;
- Participação no grupo de facilitadores;
- Buscar melhorias tecnológicas;
- Suporte aos usuários.

INSUMOS

- Software;
- Hardware;
- Empresas;
- Consultorias;
- Empresas;
- Telecomunicações.

PRODUTOS

- Serviços.

RECURSOS

- Insumo;
- Financeiro.

MEDIÇÃO DO PROCESSO

- Significa analisar criticamente o processo e o produto de tecnologia.

MEDIÇÃO DO PRODUTO

- Significa analisar criticamente o processo e o produto de tecnologia.

153

Estratégia Empresarial

A fotografia acima ilustra o Aryzão, considerado o mais completo e moderno centro de excelência de desenvolvimento e treino de voleibol do mundo.

É nesse recinto, somente destinado aos ultramelhores dos melhores, aos novatos de alta promessa de se revelarem campeões, aos seniores e másteres que tanto lutaram pelo esporte, e a tantos quantos possam construir um Brasil melhor, que a CBV prepara todas as suas seleções nacionais, com o objetivo de treiná-las para resultados excepcionais nas competições nacionais e internacionais.

Faz sentido, na medida em que o CDV quer ter foco, e este se mira na sua missão, que reza em termos diretos: 'Promover a excelência do voleibol brasileiro'.

Mas o que é propriamente o CDV?

O CDV, ou Aryzão, é um *resort* esportivo com *design* avançado e arrojado, localizado no centro de um terreno de 108.000 m^2 de área contínua, margeando a bela Lagoa de Araruama e uma praia tropical paradisíaca do município de Saquarema, no Estado do Rio de Janeiro.

Ele foi dotado de todo o aparato tecnológico de ponta do qual se pode dispor, ou que se pôde inventar, para que toda necessidade real e imaginada pelos atletas, pelas comissões e pelos treinadores seja atendida na hora e completamente, com o máximo grau de satisfação.

O centro foi criado com o objetivo de se juntar, em um único espaço físico, todo o conjunto de recursos necessário para preparar, desenvolver, capacitar e formar ultra-atletas e comissões técnicas.

À distância de um salto, ou ao simples estalar de dedos, deve estar disponível qualquer aparelho, estádio, campo, tatame, rede, bola, halteres, banheiro, cama de massagem, aparelho de eletrocardiograma, defibrilador, livro, vídeo, DVD, medidor de desempenho, documento de desempenho do concorrente, ou o que se fizer necessário, para que nada falte e os treinos garantam a mais alta produtividade.

Com um investimento até modesto para o resultado alcançado e para a imponência das instalações, de US$ 1.766 mil em valores de 2003, dos quais US$ 211.920 foram gastos em equipamentos de musculação e adestramento, e US$ 1.554.080 foram destinados às instalações, fez-se um centro que dispõe de quatro unidades principais: recepção, lazer e espaço social, hotel e hospedagem, campos de treinamento *indoors* e *outdoors* com aparelhagem de treinamento e acondicionamento, e áreas de apoio.

O campus do Aryzão é vasto, e pode ser resumido quanto às disponibilidades:

a) **Recepção, lazer e espaço social:** Vasto estacionamento para 80 carros, Museu do Voleibol, sala da presidência, quadras polivalentes, campo de futebol, piscina semi-olímpica, sauna seca e a vapor, churrasqueira, sala de televisão, salão de jogos, garagem de barcos para esportes náuticos na lagoa.

b) **Hotel e hospedagem:** Recepção, 30 suítes com 60 leitos que podem acomodar até 120 pessoas das seleções, 14 quartos com 28 leitos para seleções femininas das categorias de base, 14 quartos com 28 leitos para seleções masculinas das categorias de base, 3 casas para administração, 2 apartamentos com 8 leitos para visitantes, 8 leitos para funcionários.

c) **Campos de treinamento *indoors* e *outdoors***: 4 quadras divisíveis em 8, que asseguram as mesmas medidas utilizadas nas competições internacionais; 3 quadras externas de areia, para treinamento de vôlei na areia; sala de musculação, onde todos os equipamentos foram feitos sob encomenda, após a descrição pormenorizada das necessidades dos atletas, para seu porte físico e biorritmo; centro médico, com aparelhagem de ponta, equipamentos variados para avaliar e monitorar o quadro fisiorespiratório dos atletas; banheiras de hidromassagem; banheiros; 2 vestiários; escritórios para comissões, treinadores e atletas; auditórios com os melhores equipamentos audiovisuais do momento; biblioteca; videoteca/DVDteca; e áreas comuns.

d) **Áreas de apoio:** Restaurante com cozinha industrial e comida rigorosamente ditada por nutricionistas, para balanceamento das composições alimentares se-

Estratégia Empresarial

gundo as compleições de cada atleta; lavanderia; depósito/armazém com materiais diversos (bolas, redes, uniformes, e complementos); guarita de segurança e entrada.

Ao apreciar com mais detalhes as localidades esportivas, constatam-se que os treinadores e as comissões podem apreciar o jogo, o treino, e os jogadores, tanto do piso quanto do equivalente a um 2º e 3º andares, o que lhes confere um acurado olhar de vôo de pássaro. Ao serem os atletas estudados em 360°, entende-se melhor seus movimentos e comportamentos.

Na sala de musculação, os aparelhos levaram em conta que os novos atletas do vôlei já têm 2,05 metros de altura. E que em breve chegarão aos 2,10 metros. Logo, seus aparelhos devem considerar comprimentos mais extensos, para que eles façam o esforço e o movimento certos, e evitarem se curvar, criando problemas de postura.

E seria subestimar a capacidade de treinamento, se apenas o campus fosse analisado. Rente ao CDV está a faixa litorânea mais bonita, arenosa e extensa do Centro Fluminense, onde é possível incentivar corridas e treinos na areia, além de banhos de mar por longos quilômetros de extensão, durante o ano inteiro.

O interessante é que as seleções de base utilizam por 4 meses o Aryzão. As seleções adultas, quando muito, o utilizam por 2 meses. Logo, se os trabalhos são sobrepostos, o Aryzão pode ficar à espera de seus atletas por 8 meses ao ano.

Isto é natural, e decorre do alto grau de perfeição com o qual os atletas chegam ao CDV, pois já chegam treinados pelos seus clubes de origem. Os atletas são vinculados aos clubes e liberam seu caro e precioso tempo para jogar pela seleção nacional.

Interpretação Estratégica do Uso da CDV

Um dos fatores que explicam o sucesso do vôlei do Brasil, agora contando com o Centro Aryzão, é o critério e o modelo de escolha das seleções que vão poder treinar, jogar e utilizar as instalações disponíveis.

Equivoca-se quem pensou que as seleções nacionais masculinas e femininas profissionais, adultas, são as que ganham mais tempo para treinar.

A base do sucesso do vôlei está no fato de que todas as categorias são igualmente importantes. Uma será composta pela categoria de base amanhã. Portanto, são todas iguais, e o modelo é de eqüidade.

156

Todas as equipes recebem o mesmo tempo, a mesma intensidade, a mesma elite de treinamento e de pensamento, para que se crie uma cadeia regular e contínua de gerações de ultra-atletas.

As seis seleções têm o mesmo acesso, o mesmo tratamento e o mesmo tempo disponível para treinar. É só precisar, querer, pedir, combinar com a administração e fazer acontecer.

O CDV e os Atletas[20]

Se para entrar no CDV apenas os mais brilhantes e dotados são escalados, também se cobra pesado de quem vai treinar.

Treinar no Aryzão significa atuar por uma das seleções do Brasil.

Entrar pelos portões do CDV, para utilizar as quadras, significa ter sido escaneado, estudado, vasculhado e analisado exaustivamente pela Comissão Técnica da Seleção.

Técnicos e treinadores devem ter-se reunido e falado repetidas vezes, para conhecer o estado, as capacitações e as motivações de cada atleta. Comissões devem ter apreciado inúmeros jogos ao vivo e em *tapes*, para finalmente apontar e decidir sobre nomes. Rendimentos e observações ao longo dos campeonatos regionais e brasileiros passam bem percebidos.

Munidos deste credencial, destas referências prévias, eles podem ser convidados a participar dos treinos para os mais excitantes e valorizados campeonatos do mundo.

As comissões querem e exigem precisão, atenção, responsabilidade, vigor total, dinamismo, saúde máxima, concentração total, e *fair-play* com espírito de equipe, de cada atleta.

Não existe lanche, almoço, jantar ou boquinha grátis. Para ser e acontecer, o voleibolista tem de provar que vale o quanto pesa.

Para maximizar os desenvolvimentos motores, técnicos e as habilidades de resposta e deslocamento dos atletas, treina-se necessariamente de 6 a 8 horas diárias. Entre os treinos, a alimentação é sobretudo provida de frutas leves e com dosagem natural de sacarose (açúcares). Melão, melancias, pêssegos, mangas, maçãs e afins coroam os pratos dos vigorosos voleadores.

Aos treinamentos pesados e que exigem grande concentração, correspondem, na certa, progressos pessoais grandes, que permitem a elevação do rendimento pessoal e de equipe.

Como compensação, é possível encurtar a estadia, o que tem se verificado em 25% dos casos, com reduções de permanência de 20% do tempo original estimado.

Não é que a pessoa chega para sair mais cedo. Mas quem consegue, vê com atitude calma os seus resultados serem compensados mais rápido.

Ao chegar pela primeira vez ao CDV, os atletas montam, com o controle da comissão técnica, um PDP — Programa de Desenvolvimento Pessoal. Avalia-se o quadro individual, com inúmeros quesitos. A seguir, verifica-se e prepara-se um MHE — Mapa de Habilidades Existentes e um MHA — Mapa de Habilidades por Adquirir. Cada atleta deve se esforçar para cobrir o hiato (diferencial) entre seu MHE atual e seu MHA, que fornece seu potencial realizável.

Ao mesmo tempo, faz-se um trabalho voltado para o desenvolvimento psicológico de cada atleta. Lidar com metas, climas de conflito esportivo, vitórias e derrotas, é complexo. Merece toda a atenção e o apoio dos psicólogos.

Pois bem, o programa de apoio é tão bem-sucedido que os psicólogos não estão presentes nas comissões técnicas das seleções adultas. O nível de preparo, qualificação, amadurecimento, segurança e autocontrole dos atletas é tão elevado, que prescinde de ajudas potenciais e pontuais de campo. Este é um trabalho que requer tempo e envolvimento.

Chegar a este ponto de saciedade mental e psicológica é conseqüência também da percepção clara que o voleibolista de alto desempenho adquiriu de si mesmo, ao longo dos treinos. Afinal de contas, para ser aprovado e jogar, seus índices de desempenho foram medidos e montados sobre os índices dos melhores padrões nacionais e internacionais.

Segundo Sinval Pereira da Silva[20]: 'O atleta deve alcançar, nos indicadores, índices e valores diversos, um patamar que o compara, em cada um dos quesitos, ao melhor dos melhores do mundo atual. Ao reduzir as diferenças, com o treinamento, e ao criar um novo patamar de excelência para si, mais alto que o anterior, o voleibolista assume uma posição mais segura, mais virtuosa, e certamente mais vitoriosa, calcado sobre uma base de treinamento digna dos melhores atletas de Esparta.'

Conclusão

Os fatos são bem evidentes e falam por si só. Ao longo das últimas décadas, o esforço de pelo menos seis gerações levou o vôlei do Brasil à posição atual que ele desfruta: é o supremo, o incontestável campeão do mundo.

Esta supremacia foi conquistada sem ufanismos, sem gritarias, e sim com enorme sacrifício e imensa seriedade, dedicação e obstinação por parte de todos aqueles e aquelas que abraçaram e assumiram o vôlei como parte de suas vidas.

E quem adotou o voleibol sempre se deu bem, porque a dinâmica das competições mostrou que o brasileiro e a brasileira são indiscutivelmente talentosos.

O futuro está aí, à frente dos nossos olhos.

Agora, trata-se de seguir em frente e buscar novos desafios.

Superar os desafios já superados e superar-se, para mostrar que cada geração pode aperfeiçoar aquilo que a anterior já concebeu e fez brilhantemente e com ardor.

O caminho para o sucesso está feito. Agora, é dar continuidade a esta obra tão belamente erigida, o que não será fácil, porque, sem falsa modéstia, o Brasil deste terceiro milênio é a referência do mundo em matéria de voleibol.

Como diz o Informativo da CBV, são 'todos contra o Brasil'.[21]

Então, voltemos à união, à cooperação, à relação amigável, para atuar em equipe, em conjunto. Irmanados pelos mesmos objetivos, já comprovamos que o Brasil sabe fazer trabalhos coletivos ímpares. E saibamos levar este espírito à cidadania, para construir um Brasil cada vez maior e melhor!

Anexo A

Dados e Estatísticas Levantadas

As 76 entrevistas e depoimentos diretos que nos foram prestados permitiram que se levantasse, de modo espontâneo, livre e direto, um conjunto de dados preciosos e únicos do mundo esportivo, em especial do voleibol.

Desta forma, as informações que apresentamos a seguir não são originárias de uma única empresa, de uma confederação apenas, ou de uma fonte. Correspondem a uma compilação dos números estatísticos mais relevantes que nos foram cedidos durante as entrevistas.

Estes dados contribuem para a compreensão do quadro setorial esportivo, especialmente do voleibol. Precisam ser lidos e interpretados naturalmente, com a devida cautela, pois retratam uma situação individual, que não se repete necessariamente em outras empresas ou ocasiões setoriais.

Com estes dados, pode-se obter uma clara e interessantíssima percepção do movimento econômico gerado pela atividade esportiva voleibol. Pelas suas características inovadoras, de ponta, e de ser um esporte que se instalou em tempo relativamente recente no Brasil – sobretudo entre 1975 e 2004 – o investimento empresarial e organizacional bem concebido permitiu que o voleibol se instaurasse em nível e categoria de negócio dinâmico e próspero.

É preciso frisar que esta evolução dinâmica do voleibol ocorreu porque os investimentos privados e o apoio público dado ao setor vieram antes de se produzirem grandes resultados. O fator causalidade é muito claro: primeiro, com sacrifícios enormes, a iniciativa privada aceitou arriscar seu tempo, talento, recurso humano e capital para deter tecnologia e conhecimento da prática de atuação do voleibol. E somente a seguir, com o apoio ostensivo do Banco do Brasil e do empresariado privado, é que os resultados – leia-se vitórias nas principais competições da Liga Mundial e nas Olimpíadas – ocorreram.

Estratégia Empresarial

Todas as entrevistas realizadas comprovam, por unanimidade, que o deslanchar de um esporte ocorre quando o empenho privado e particular se antecipa ao apoio do poder público. Ou seja, o embrião e o núcleo inicial dos esportes são promovidos pelo interesse e pela motivação das pessoas. Na medida em que a modalidade esportiva passa a ser reconhecida como um bem de valor, um patrimônio a favor da população, e um negócio, ela se torna atraente aos olhos de investidores privados e públicos. Tornando-se clara a relação custo-benefício, isto é, ficando evidente a capacidade de obtenção de lucros, os capitais afluem de forma crescente.

Portanto, a formação da produção esportiva é ditada pelo ritmo da capacidade que uma modalidade tem de gerar ganhos comprováveis e mensuráveis pelos seus mentores empresariais. Os ganhos privados, pessoais, vêm desde a origem e possuem uma conotação motivacional, de automotivação elevada, revelando-se um patamar básico de geração de renda. A renda maior, o produto substancial, esse emerge e evolui quando há uma massa crítica crescente e representativa de consumidores e praticantes, que pela sua representatividade numérica pressionam voluntária e involuntariamente a expansão da produção esportiva, sendo então correspondidos com apoios dados pelo sistema público e empresarial privado.

Para ordenar a exposição, foi preciso criar faixas de dimensionamento organizacional. Como inexiste uma definição única, exclusiva e definitiva de porte organizacional – sobre o que sejam pequenas, médias ou grandes empresas –, partiu-se para uma definição oriunda da amostra que se levantou, o que é bem-aceito e se harmoniza com a técnica estatística.

Os dados que apresentamos permitem ser ordenados conforme categorias: econômica, de marketing, populacional e afim, o que assegura melhor visibilidade e assimilação de informações decorrentes, conforme é mostrado a seguir.■

FATURAMENTO NA EMPRESA

Pequenas empresas, em sua maioria, geram entre 4 e 60 empregos diretos. Por evento esportivo mobilizam, segundo seu porte, entre 30 e 150 empregos indiretos com duração de dois dias a três meses. Faturaram até R$ 1 milhão em 2004.

Observe que esta definição é própria do setor esportivo. Não se relaciona a definições de outra natureza associadas a definições públicas e de outros setores. A FINEP – Financiadora de Estudos e Projetos, por exemplo, identifica como pequenas aquelas empresas que, em 2004, faturaram até R$ 10,5 milhões.

162

Médias empresas dispõem de 60 a 300 empregados diretos. Por evento esportivo mobilizam, segundo sua dimensão e duração, entre 30 e 350 empregos indiretos, por até três meses. Faturaram de R$ 1.000.001 a R$ 15 milhões em 2004.

Grandes empresas possuem em seus quadros mais de 301 empregados diretos. Por evento esportivo mobilizam, de acordo com suas necessidades e vontade de investir, de 30 a mais pessoas. No maior evento registrado, contam-se 160 mil empregos indiretos (efeito aparente dos investimentos para a realização dos Jogos Pan-Americanos do Rio de Janeiro, em 2007).

INVESTIMENTOS

Os investimentos variam muito, de acordo com a organização, a fase que a empresa atravessa, seu estágio de vida e seus interesses e necessidades de atuar no setor esportivo.

Pequenas empresas apresentam baixos investimentos anuais e penam com diminuta capitalização. Os investimentos oscilam na faixa de R$ 100 mil a R$ 300 mil, o que corresponde a 10% do investimento anual bruto.

Médias empresas possuem investimentos que oscilam entre R$ 1 milhão e R$ 6,5 milhões anuais, especialmente quando vislumbram retorno através do esporte. A origem do capital é tanto nacional quanto estrangeira, havendo uma busca grande, marcante, que é enfatizada, para a obtenção de capital estrangeiro.

Grandes empresas apresentam grande variabilidade nos investimentos. Foi assim especialmente em 2003 e 2004, que podem ser considerados anos de pequenos valores investidos. A dispersão do valor dos investimentos no próprio negócio é elevada, variando de R$ 30 milhões ao ano a R$ 250 milhões. Entendendo-se que patrocínios e promoções para favorecer a imagem empresarial através dos esportes sejam um tipo de investimento, os valores oscilam de modo elevado, sem apresentarem um padrão. Registraram-se investimentos deste último tipo de R$ 15 milhões em vários esportes ao mesmo tempo – caso do Bradesco – até R$ 45 milhões aproximadamente – caso do Banco do Brasil.

A pesquisa mostrou que ocorrem claramente dois tipos principais de investimentos em patrocínios e promoções desportivas:

a) **Patrocínios permanentes**, que se caracterizam por um patrocinador ou patrocinadores em grupo permanente, contínuo e estabelecido, com a finalidade de apoiar determinado esporte. Seja difícil, seja boa a fase que atravessam a prática e os resultados daquela modalidade, existe apoio, o que estabelece um elo de longo prazo e de fidelidade pela promoção de um setor esportivo. O caso mais notório, que foi investigado e citado livremente pelos entrevistados, é o do Banco do Brasil, fiel investidor no vôlei brasileiro; e

b) **Patrocínios passageiros**, cuja duração é variada, mas certamente passageira. Pode durar um mês ou seis anos, todavia não corresponde a um patrocínio permanente, de um mecenas que visa enraizar uma atividade esportiva. É o caso de empresas que lançam um novo produto e querem disseminá-lo rapidamente, com o suporte da mídia, atraindo para si valores que uma modalidade esportiva transmite, como bravura, precisão ou espírito de equipe.

Este levantamento mostrou que o *melhor tipo de patrocínio* é o permanente, pois oferece uma estabilidade e uma previsibilidade no fluxo de caixa das entidades esportivas patrocinadas e para os fornecedores que são contratados indiretamente (os geradores de empregos indiretos).

Contudo, a dependência de um único patrocinador maior pode acarretar problemas de barganha e dependências em relação a um único provedor e uma só fonte de renda.

Os patrocínios passageiros, que ocorrem por tempo limitado, mas não necessariamente predeterminado, sujeitam a modalidade esportiva a uma fase de verbas disponíveis e a outra(s) fase(s) de arrocho, porque as verbas desaparecem e os contratos acabam. Logo, existe um elevado grau de instabilidade neste tipo de suporte, o que sujeita os rendimentos esportivos a altos e baixos, perdendo-se o comportamento de constância. Diversos patrocinados observaram que a imagem da modalidade está sujeita a alterações associadas aos produtos ou serviços que são apoiados ou se relacionam, o que pode criar problemas de imagem na fixação de um padrão de comportamento para o público, o torcedor e a população em geral.

EFEITOS DE UM EVENTO DE VÔLEI

Eventos de vôlei podem ser definidos como aqueles jogos, torneios, campeonatos ou demonstrações que acontecem em locais e datas determinados, envolvendo sobretudo atletas, equipes esportivas, dirigentes, promotores, patrocinadores, torcedores instalados em arenas, mídia, comunidade e poder público.

Em geral, os eventos esportivôs respeitam uma agenda, que é predeterminada e negociada entre as partes interessadas e representativas do meio esportivo, público e empresarial.

O atendimento a uma agenda que disponha de um calendário claramente marcado e atendido por todos é fundamental para o sucesso, a moralização e o respeito ao esporte.

A promoção de produtos e serviços gira em torno dos eventos, logo, dos calendários que cada confederação, federação, clube, associação desportiva, grêmio ou afim organiza e divulga. Por esta razão, o sucesso dos investimentos, para promover um produto ou um serviço por meio dos esportes, precisa levar em consideração a agenda anual e o calendário de eventos, analisando-os um a um, de acordo com as suas especificidades, como o número de eventos, a localização de cada evento e o decorrente público-alvo que será envolvido. Também os aspectos locacionais, de microlocalização e de logística, para otimização de atendimento e provimento de bens e serviços ao público, os horários e fusos, pois distâncias para deslocamento de equipes são uma constante, particularmente no Brasil, nação de dimensões continentais, além de outros fatores congêneres.

Efeitos sobre Empregos Diretos

Um evento pode gerar entre 30 e 300 empregos temporários diretos, dependendo de sua dimensão.

INVESTIMENTO EM OFICINA CULTURAL

Por etapa, uma oficina cultural pode ter preços variáveis, sendo usual o valor de R$ 30 mil.

INVESTIMENTO EM PESQUISA DE MERCADO, CONSUMIDOR, OU VIABILIZAÇÃO DE UM NOVO NEGÓCIO ESPORTIVO

Ao estabelecer uma política de patrocínio permanente a um esporte, uma empresa de porte faz normalmente um estudo de pré-investimento, uma análise e pesquisa de mercado, um estudo do perfil do consumidor; e monta uma análise da viabilidade de se implantar um novo negócio.

Estes documentos, devidamente detalhados, e de cunho técnico, podem fazer parte de um plano de negócios global (dito Corporativo, quando a empresa tem grandes dimensões) e de um novo projeto de investimentos.

Nas empresas de grande porte, estão estabelecidas várias (numerosas) áreas e linhas de produção. Então, um novo projeto é mais um item que faz parte do plano de negócios global. Já nas empresas médias e pequenas, o novo projeto freqüentemente corresponde à própria empresa e sua razão de existir.

A dispersão encontrada nestes valores é bastante significativa. Ela ocorre por conta de fatores como a existência ou não de equipes próprias que fazem este tipo de serviço, a sofisticação e o grau de detalhamento da pesquisa, o custo atribuído à mão-de-obra, a imputação de valor econômico ao custo do tempo empresarial empatado no projeto, e a abrangência da pesquisa, se nacional ou de repercussão internacional.

Ao considerar pesquisas que focalizam um esporte a ser apoiado no Brasil, com foco em patrocínios no Sudeste e no Sul, por prazo indeterminado, as sete empresas de serviços e consultoria apresentaram valores próximos aos que seguem, enfatizando naturalmente que 'cada caso, é um caso', portanto estes valores não são uma questão fechada, servindo apenas como balizas referenciais tênues.

Pré-investimento – R$ 300 mil
Análise e pesquisa de mercado – entre R$ 20 mil e R$ 300 mil
Estudo do perfil do consumidor – entre R$ 5 mil e R$ 100 mil
Análise da viabilidade de se implantar um novo negócio – entre R$ 20 mil e R$ 1,2 mil
Plano de negócios global – indefinido
Novo projeto de investimentos – entre R$ 20 mil (para pequenos projetos de pequenas empresas) e R$ 2,5 milhões (para projetos transnacionais permanentes).

HORAS – CONSULTORIA

Os valores encontrados para as horas de consultoria variaram bastante. Aparentemente, a oferta de consultores é ampla e crescente, enquanto a demanda por consultores varia segundo a especialidade de cada um. As áreas de computação, informática, trabalhista, jurídica e internacional mostraram-se aquecidas, entre março e outubro de 2004. As áreas de administração, economia e importação revelaram-se francamente desaquecidas.

Nossa amostra excluiu as grandes consultorias administrativas, econômicas, contábeis e de auditoria, que moldam os valores dos serviços de companhias transnacionais. Portanto, os valores que seguem se relacionam a firmas locais, de porte pequeno.

Hora consultoria operacional de nível superior – oscila entre R$ 125 e R$ 325
Hora consultoria técnica de nível médio – oscila entre R$ 60 e R$ 125
Hora consultoria de apoio secretarial – oscila entre R$ 20 e R$ 60

HORAS-AULA

O ensino e o treinamento fazem parte da rotina usual dos professores de Educação Física, dos treinadores e dos atletas-professores.

A dispersão encontrada neste meio, quanto aos preços, é especialmente elevada. Diversos fatores explicativos podem contribuir para a compreensão desta variação: organização profissional do meio esportivo relativamente recente; noção de profissionalização relativamente dissipada no setor; espírito de cooperação e vontade de se dar elevados, gerando inúmeras situações de altruísmo, que geram preço zero, porque não se cobra; dificuldade de atletas para se desvencilharem da origem, no sentido de começarem de forma amadora, sem cobrar por serviços, apresentando mentalidade de doação e falta de experiência na hora de cobrar; preços instituídos; e afins.

Hora-aula ensino de ensino fundamental e médio – variando de R$ 0,94 a R$ 3
Hora-aula *fitness* – variando de R$ 1,5 a R$ 6,5
Hora-aula de um *personal trainer* – de R$ 10 a R$ 140

Outra categoria de hora-aula praticada no ramo esportivo é a que se verifica em instituições de nível superior, em cursos que professores ministram nas universidades em nível de graduação ou de mestrado (MBA em gestão esportiva). Neste subsetor os valores variam menos, embora isto ocorra por já existir uma categorização, logo, um corte, que define melhor as diversas categorias de conhecimento, com renda.

Hora-aula de ensino universitário – graduação – entre R$ 10 e R$ 26
Hora-aula em MBAs populares – entre R$ 12 e R$ 28
Hora-aula em MBAs prestigiados – mestre recebe R$ 120 doutor recebe R$ 170

MÉTODO DE MEDIÇÃO DO SUCESSO ESPORTIVO

Evidentemente, existem diversos métodos de aferição e medição da exposição de um esporte, de um evento, de uma marca ou de um logotipo, pelo meio televisivo.

Em princípio, o que um patrocinador quer é a maximização do tempo de cobertura, com a exposição de sua marca. Não haveria danos a uma marca por superexposição (*overexposure*), o que por outro lado teria o efeito de desgastar a imagem ou cansar o telespectador.

A mensuração mais relevante é denominada *Ranking on Gross Rating Points*.

Até 1986, aproximadamente, o maior prêmio que se podia receber era um troféu com valor de até US$ 500. A partir de então, os valores começaram a subir, sem consideração a limites máximos.

O apoio e o investimento a uma única equipe de *vela* ou de *iatismo* pode chegar a US$ 100 milhões. Cinco equipes poderosas, arquiequipadas, podem elevar na média o valor do patrimônio, que navega a US$ 500 milhões em um único campeonato. Este não é o valor do evento.

Uma embarcação pode ter valores variados. Mas US$ 20 milhões corresponde a um valor aceitável.

Anexo B

Vôlei Brasileiro Comemora Temporada de Vitórias em 2005

Foram 57 competições e nada menos que 80 medalhas. Com o fim da Copa dos Campeões e do Circuito Mundial de Vôlei de praia, este é o saldo vitorioso do vôlei brasileiro em 2005. Na quadra, vitórias das equipes adultas e de base. Em 15 competições, o Brasil subiu 11 vezes ao lugar mais alto do pódio e ainda conquistou 3 pratas e 1 bronze. Na praia, 42 torneios: 28 ouros, 19 pratas e 18 bronzes, além dos títulos masculino e feminino do Circuito Mundial.

TOTAL DE 2005 (VOLEIBOL DE QUADRA E PRAIA)
- Total de competições disputadas na praia e na quadra em 2005: 57
  - 39 ouros
  - 22 pratas
  - 19 bronzes

SELEÇÕES
- Total de competições disputadas em 2005: 15
  - 11 ouros
  - 3 pratas
  - 1 bronze

Estratégia Empresarial

SELEÇÃO ADULTA FEMININA
- Total de competições disputadas em 2005: 6
  - 6 ouros
    - Torneio de Courmayeur (junho)
    - Montreux Volley Masters (junho)
    - Grand Prix (junho e julho)
    - Torneio Classificatório para o Mundial-2006 (agosto)
    - Campeonato Sul-Americano (setembro)
    - Copa dos Campeões (novembro)

SELEÇÃO ADULTA MASCULINA
- Total de competições disputadas em 2005: 4
  - 3 ouros
    - Liga Mundial (junho e julho)
    - Campeonato Sul-Americano (setembro)
    - Copa dos Campeões (novembro)
  - 1 prata
    - Copa América (agosto)

SELEÇÕES DE BASE
- Total de competições disputadas em 2005: 5
  - 2 ouros
    - Mundial Juvenil Feminino (julho)
    - Mundial Infanto-Juvenil Feminino (julho)
  - 2 pratas
    - Mundial Juvenil Masculino (agosto)
    - Mundial Infanto-Juvenil Masculino (agosto/setembro)
  - 1 bronze
    - Pan-American Cup (seleção juvenil feminina, junho)

VÔLEI DE PRAIA

- Total de competições disputadas em 2005: 42
    - 28 ouros
    - 19 pratas
    - 18 bronze
- Total de ouros conquistados em 2005: 28
    - 10 no Circuito Mundial masculino
    - 9 no Circuito Mundial feminino
    - 4 no Circuito Sul-Americano masculino
    - 3 no Circuito Sul-Americano feminino
    - 2 nos Mundiais das categorias de base
- Total de pratas conquistados em 2005: 19
    - 8 no Circuito Mundial masculino
    - 11 no Circuito Mundial feminino
- Total de bronzes conquistados em 2005: 18
    - 9 no Circuito Mundial masculino
    - 8 no Circuito Mundial feminino
    - 1 no Circuito Sul-Americano masculino

CIRCUITO MUNDIAL FEMININO

- Total de competições disputadas em 2005: 16
    - 9 ouros
    - 11 pratas
    - 8 bronze
- Total de ouros conquistados em 2005: 9
    - *Ana Paula/Shaylyn* – Japão (maio)
    - *Juliana/Larissa* (campeãs por antecipação do Circuito Mundial) – China (maio), Itália (junho), Suíça (junho), Rússia (julho), Canadá (agosto) e México (outubro)
    - *Renata/Talita* – Grécia (agosto/setembro) e Indonésia (setembro)

Estratégia Empresarial

◗◆ Total de pratas conquistadas em 2005: 11
- ◆ *Adriana Behar/Shelda* – China (maio) e Indonésia (setembro)
- ◆ *Juliana/Larissa* – Japão (maio), Campeonato Mundial da Alemanha (junho), Grand Slam da Noruega (junho/julho), Grand Slam da França (julho), Grécia (agosto/setembro) e Salvador/Brasil (outubro), África do Sul (novembro)
- ◆ *Renata/Talita* – Rússia (julho) e Canadá (agosto)

◗◆ Total de bronzes conquistados em 2005: 8
- ◆ *Adriana Behar/Shelda* – Japão (maio), Suíça (junho), Canadá (agosto) e Grécia (agosto/setembro)
- ◆ *Ana Paula/Leila* – Rússia (julho)
- ◆ *Ana Paula/Shaylyn* – China (maio)
- ◆ *Juliana/Larissa* – Portugal (julho)
- ◆ *Maria Clara/Carol* – África do Sul (novembro)

CIRCUITO MUNDIAL MASCULINO

◗◆ Total de competições disputadas em 2005: 15
- ◆ 10 ouros
- ◆ 8 pratas
- ◆ 9 bronzes

◗◆ Total de ouros conquistados em 2005: 10
- ◆ *Harley/Benjamin* – Canadá (agosto)
- ◆ *Márcio/Fábio Luiz* – Croácia (junho) e Campeonato Mundial da Alemanha (junho), África do Sul (novembro)
- ◆ *Ricardo/Emanuel* – Suíça (junho), Grand Slam da Noruega (junho/julho), Rússia (julho), Grécia (agosto/setembro) e Brasil e México (outubro)

◗◆ Total de pratas conquistadas em 2005: 8
- ◆ *Harley/Benjamin* – Suíça (junho) e Grand Slam da Noruega (junho/julho)
- ◆ *Márcio/Fábio Luiz* – Rússia (julho), Canadá (agosto) e Brasil (outubro)
- ◆ *Pedro Cunha/Franco* – México (outubro)
- ◆ *Ricardo/Emanuel* – China (maio) e Grand Slam da Áustria (agosto)

172

- Total de bronzes conquistados em 2005: 9
  - *Harley/Benjamin* – Grécia (agosto/setembro) e México (outubro)
  - *Márcio/Fábio Luiz* – Suíça (junho), Portugal (julho) e Grand Slam da Áustria (agosto)
  - *Ricardo/Emanuel* – Croácia (junho), Polônia (julho) e Canadá (agosto)
  - *Tande/Franco* – Rússia (julho)

CIRCUITO SUL-AMERICANO FEMININO
- Total de competições disputadas em 2005: 3
  - 3 ouros
    - *Ângela/Mônica Monteiro* – Chile (fevereiro)
    - *Izabel/Érika* – Equador (julho) e Colômbia (agosto)

CIRCUITO SUL-AMERICANO MASCULINO
- Total de competições disputadas em 2005: 4
  - 4 ouros
    - *Moacyr/Adriano* – Guaiaquil, Equador (janeiro)
    - *Jan/Pará* – Uruguai (fevereiro)
    - *Murilo/Fabinho* – Esmeralda, Equador (julho) e Colômbia (agosto)
  - 1 bronze
    - *Felipe/Gravina* – Uruguai (fevereiro)

CAMPEONATOS MUNDIAIS DE BASE
- Total de competições disputadas em 2005: 4
  - 2 ouros
    - *Carolina/Camillinha* – sub-21 (setembro)
    - *Carol Aragão/Bárbara* – sub-19 (agosto)

Glossário

BSC – Balanced Scorecard

CBV – Confederação Brasileira de Voleibol

CBF – Confederação Brasileira de Futebol

CDV – Centro de Desenvolvimento de Voleibol

COB – Comitê Olímpico Brasileiro

COBRAV – Comitê Brasileiro de Árbitros de Voleibol

CSV – Confederación Sur-Americana de Voleyball

FIVB – Fédération Internationale de Voleyball

FNs – Federações Nacionais

UCN – Unidade de Competições Nacionais

UENs – Unidades Estratégicas de Negócios

UEV – Unidade de Eventos

USE – Unidade de Negócios – Seleções

UVP – Unidade de Negócios Voleibol de Praia

UVV – Unidade de Negócios VivaVôlei

Referências Bibliográficas

ALI, Moi; BROOKSON, Stephen; BRUCE, Andy; et alii. *Managing for excellence.* Dorling Kindersley Limited, First American Edition, 2001.

ARROW, K. *Le role des valeurs boursières pour la repartition la meilleure des risques.* Paris: Centre National de la Recherche Scientifique; Econometrie, 1953.

ARROW K.; HAHN F. *General competitive analysis.* San Francisco: Holden Day, 1971.

Atuação Espetacular. Harvard Business Review Book. Rio de Janeiro: Campus, 2000.

AWI, Fellipe. Rio espera mais qualidade e menos quantidade, Olimpíadas 2004; Laboratório Unicarioca de Pesquisas Aplicadas; O Globo, Caderno de Esportes, p. 3, 24 de julho de 2004.

BRILMAN, Jean. *Les meilleures pratiques de management, au coeur de la performance.* Troisième Edition, Éditions d'Organization, 2001.

BRILMAN, Jean. *Gagner la competition mondiale.* Les Éditions D'Organization, 1991.

CBV: O Esporte como Indústria – Confederação Brasileira de Voleibol. Colorgraf e Mundi Eventos, 1999.

CURRO, Luis; LEISTER, Adalberto Filho; e ROSEGHINI, Guilherme. *Pai herói; O melhor Brasil & com dicas de computador, seleção triunfa sem utilizar a sua maior arma. Atenas 2004. Folha de S. Paulo*, Caderno Especial 1, agosto de 2004.

DEBREU, G. *Theory of value.* Nova York: Wiley, 1959.

DESCARTES, René. *Meditações.* Nova Cultural, 1991.

DORNIER, Philippe-Pierre; FENDER, Michel; KOUVELIS, Panos. *Global operations and logistics / Logística e operações globais: textos e casos.* São Paulo: Atlas, 2000.

GOMES, Ciro. *No país dos conflitos.* Rio de Janeiro: Editora Revan, 1994.

GRAÇA Fº, Ary S. *Otimismo emergente,* 1998

_____ . *Nosso objetivo é ganhar o impossível. O Globo,* Caderno de Esportes, entrevista, p. 24, 27 de dezembro de2004.

_____ . *Administrando o vôlei como uma empresa.* Fotocópia.

GRIFFIN, Ricky, W. *Business.* New Jersey: Prentice Hall Inc., Simon & Schuster Company, 1993. 3. ed.

GROUEFF, Stephane. *Manhattan project: the untold story of the making of the atomic bomb.* Little, Brown and Company; Library of Congress Catalog card n. 67-11231; 1967.

HELLER, Robert; HINDLE, Tim. *Essential manager's manual*. Dorling Kindersley Limited, 1. ed., 1998.

KAPLAN, Robert S.; NORTON, David P. *The Balanced Scorecard – translating strategy into action*. Boston: Harvard Business School Press, 2000.

KASZNAR, Elisabeth Fekete. *O regime jurídico do segredo de indústria e comércio no direito brasileiro*. Editora Forense, 2003.

KASZNAR, Istvan K. *Identificação das diversas atividades desempenhadas por administradores públicos profissionais na gerência dos sistemas de mérito. RAP – Revista de Administração Pública*. Editora FGV, Maio/Junho 1996, v. 30 n. 3;

_____. *A tipologia da motivação burocrática para administradores públicos, de Marvick, e os construtos de Downs, Gouldner, Tullock e outros. RAP – Revista de Administração Pública*. Editora FGV. Novembro/Dezembro 1996, v. 30, n. 6.

_____. *Inflação, tendências e oportunidades. Revista Financeira*. ACREFI – Associação Nacional das Instituições de Crédito, Financiamento e Investimento. ano 2, n. 23, abril, 2005.

_____; GRAÇA Fº, Ary S. *O esporte como indústria: solução para criação de riqueza e emprego*. CBV – Confederação Brasileira de Voleibol. Rio de Janeiro: Ediouro, 2002.

_____; GRAÇA Fº, Ary S. *O esporte como Indústria: solução para criação de riqueza e emprego*. CBV – Confederação Brasileira de Voleibol. Rio de Janeiro: Gráfica e Editora Color Graf, 1999.

LAMB, Robert. *Competitive strategic management*. New Jersey: Prentice Hall, 1984.

LASSER, J. K. *Business management handbook*. McGraw-Hill, 1954

LONGENECKER, Justin G.; MOORE, Carlos W.; PETTY, J. William. *Administração de pequenas empresas*. São Paulo: Makron Books, 1997.

MALINVAUD. *Capital accumulation and efficient allocation of resources*. Econometrica, 1958. p. 223-268.

MARQUES, Gina de Azevedo. *Brasil é tetra mais uma vez, sobre a Itália*. O Globo, Caderno de Esportes, Olimpíadas 2004, agosto de 2004.

MAS – COLLEL, Andreu. *The theory of general economic equilibrium: a differentiable approach*. Cambridge: Cambridge University Press, 1994.

_____; Andreu; WINSTON, Michael D.; GREEN, Jerry R. *Microeconomic theory*. Oxford University Press, 1995.

NADLER, David; GERSTEIN, Marc S.; SHAW, Robert B. *Arquitetura organizacional: a chave para a mudança empresarial*. Rio de Janeiro: Campus, 2001.

NEUSTADT, Richard. *Presidential power: the politcs of leadership*. John, Wiley & Sons, Inc. Lib. Congr. Catalog. Card: 60-9620; 1960.

NOGUEIRA, Cláudio. Não me vejo como alguém diferente. Sou esforçado. *O Globo*, Caderno de Esportes, Olimpíadas 2004, 30 de agosto de 2004.

_____. No vôlei, vem aí a geração Gulliver. *O Globo*, Caderno de Esportes, novembro de 2004.

Referências Bibliográficas

PORTER, Michael E. *Competitive advantage*. The Free Press, Macmillan, 1985.

____. *Competitive strategy*. The Free Press, Macmillan Publishing, 1980.

S.A. Sem rivais, campeões do mundo na praia lutam contra lesão de Ricardo. *O Globo*, Caderno de Esportes, agosto de 2004.

S.A. Mergulho de tirar o fôlego. *O Globo*, Caderno de Esportes, Olimpíadas 2004, 30 de agosto de 2004.

SILVA, Sinval Ferreira da. *O centro de desenvolvimento do vôlei Brasil*. Notas em MBA em Marketing, FGV/EBAPE.

SIMERAY, J. P. *A estrutura da empresa: princípios e definições, tipos de estruturas e organogramas*. Rio de Janeiro: Livros Técnicos e Científicos Editora, 1976.

SINK, D. Scott. *Planning and measurement in your organization of the future*. Qualitymark, 1993.

SCHLESINGER, Arthur M. Jr. *Os ciclos da história americana*. Editora Civilização Brasileira S.A., 1992.

SOUZA, Madalena Mendes de Almeida; MENDES DE ALMEIDA, Candido José; LEITÃO, Sérgio Sá. *Marketing esportivo ao vivo*. Artigos de Bernard Rajzman; Carlos Arthur Nuzman; Giovane Gávio e Istvan Kasznar; Centro Cultural Candido Mendes – Projeto Comunicação ao Vivo. Imago Editora, 2000.

Notas

1. SCHLESSINGER Arthur. M. Jr., autor de Os ciclos da história americana, Editora Civilização Brasileira S.A., 1992.

2. GRAÇA Fº, Ary S. Nosso objetivo é ganhar o impossível. *O Globo*, Caderno de Esportes, p. 24, 2004.

3. GRAÇA Fº, Ary S. *Administrando o vôlei como uma empresa; mimiografia.*

4. GRAÇA, Ary. Nosso objetivo é ganhar o impossível. *O Globo*, Caderno de Esportes, p. 24, 2004.

5. KASZNAR, Istvan K.; GRAÇA Fº, Ary S. *O esporte como indústria – solução para criação de riqueza e emprego*. Rio de Janeiro: Ediouro, 2000. Edições de Ouro.

6. Explosão Alternativa — Xtreme Sports; *Sports Magazine*, p. 14-15, 2002.

7. DESCARTES, René. *Meditações*. São Paulo: Nova Cultural, 1991.

8. A expressão alude a Michael Porter, autor de dois livros de cabeceira que abordam modernas estratégias empresariais, e que correspondem a uma releitura e a uma reinterpretação de ferramentas encontradas e misturadas entre o planejamento estratégico e a microeconomia, intitulados *Vantagem Competitiva* e *Estratégia Competitiva*. Ver em: Competitive Advantage – Creating and Sustaining Superior Performance e Competitive Strategy, ambos publicados pela The Free Press, divisão da Macmillan Publishing Co., Inc., respectivamente anos 1985 e 1980.

9. Mencione-se que além dos empresários que majoritariamente foram presidentes de empresas, estes consultaram e nos fizeram conhecer e entrevistar seu assessores, assistentes, representantes de diretorias de produção e marketing, perfazendo mais 52 entrevistados.

10. Para mais informações, consulte: GRAÇA Fº, Ary S.; KASZNAR, Istvan Karoly. *O esporte como indústria – solução para criação de riqueza e emprego*, p. 20-21; *Ciclo de vida desportivo do Brasil e modelo DEA/DESE/DEE: o approach*. Rio de Janeiro: Ediouro, 2002, p. 20-22.

11. MAS-COLLEL, Andrew; WINSTON, Michael D.; GREEN, Jerry R. *Microeconomic Theory*. Oxford Univesity Press, 1995.

12. KASZNAR, Elisabeth F. *O regime jurídico do segredo de indústria e comércio no direito brasileiro*. Rio de Janeiro: Editora Forense, 2003.

13. NOGUEIRA, Cláudio. No vôlei, vem aí a geração Gulliver. *O Globo*, Caderno de Esportes, novembro de 2004.

14. MARQUES, Gina. Brasil é tetra, mais uma vez, sobre a Itália. *O Globo*, Caderno de Esportes, agosto de 2004.

15. Mergulho de tirar o fôlego e show brasileiro no lugar mais alto do pódio. *O Globo*, Caderno de Esportes, Olimpíadas 2004, 30 de agosto de 2004.

16. CURRO, Luis; LEISTER, Adalberto Filho; e ROSEGHINI, Guilherme. Pai herói; O melhor Brasil & com dicas de computador, seleção triunfa sem utilizar a sua maior arma; Atenas 2004. *Folha de S.Paulo*, Caderno Especial 1, agosto de 2004.

17. NOGUEIRA, Cláudio, Não me vejo como alguém diferente. Sou esforçado. *O Globo*, Caderno de Esportes, Olimpíadas 2004, 30 de agosto de 2004.

18. Rio espera mais qualidade e menos quantidade. *O Globo*, Caderno de Esportes, Olimpíadas 2004, 9 de agosto de 2004.

19. Sem rivais, campeões do mundo na praia lutam contra lesão de Ricardo. *O Globo*, Caderno de Esportes, Olimpíadas 2004, agosto de 2004.

20. Esta subseção, do CDV, contou com a ativa participação e redação de texto de Sinval Pereira da Silva, consultor de Prefeituras e MBA em Mestrado Executivo da Fundação Getulio Vargas, EBAPE.

21. ICBV, ano 2, n. 18, agosto de 2004.

Direitos Autorais, de Uso e de Disseminação

O MRCE® – Método dos Resultados Crescentes de Escala; o Modelo de GEED® – Gestão Estratégico Esportivo Desejado; o MARQ® – Modelo de Arquiexcelência; o Vôlei *Team Building – Volteams*® – Modelo de Tecnologia de Construção de Equipes e Seleções; o SuperVols® – Modelo de Tecnologia de Produção de SuperVoleibolistas e o BOPs® – Modelo de *Business Oriented Policies* – são de autoria, uso, licenciamento e propriedade registrada exclusiva, pertencentes à CBV – Confederação Brasileira de Voleibol.

A utilização destas marcas e modelos deverá contar com a anuência, o conhecimento e a citação da CBV, para que sejam resguardados os direitos autorais e intelectuais.

Para efeitos de disseminação destas técnicas em caráter geral, sempre se poderá fazer uso e menção à CBV, para efeitos de identificação da origem das modelações.

Para efeitos de aprofundamento técnico, treinamento e desenvolvimento de sistemas econômicos e diretivos de utilização deste ferramental, a IBCI – Institutional Business Consultoria Internacional, que concebeu a modelagem e a organização destes instrumentos para a presidência da CBV, detém os direitos de disseminação e aplicação que se fizerem necessários, e deverá ser consultada.

Sobre os Autores

Istvan Karoly Kasznar é Ph.D. em Administração de Negócios pela Universidade da Califórnia/CCU; Mestre em Economia pela EPGE/FGV; Economista pela UFRJ; e técnico em Administração Pública e de Empresas pela EBAPE/FGV.

Atua como sócio-gerente da IBCI – Institutional Business Consultoria Internacional, onde desenvolve sistemas avançados de localização fabril, bancária e de lojas de varejo; projetos empresariais e estratégicos de porte para agribusiness, indústrias, bancos e o comércio varejista.

É professor e conferencista das mais notáveis universidades, como Fundação Getulio Vargas, onde é o Coordenador do Programa de Estudos dos Estados e Municípios, do Núcleo de Estudos da Saúde, da Previdência e da Assistência Social; Pontifícia Universidade Católica e UERJ.

Conselheiro econômico da Febrafarma, da Acrefi e do Instituto Danneman Siemsen de Propriedade Intelectual, atua no assessoramento estratégico direto da presidência e direção de grandes empresas nacionais e transnacionais.

Autor e co-autor de 15 livros foi o criador da disciplina Economia Esportiva, tendo já escrito três livros sobre o tema e assuntos correlatos.

Ary S. Graça Fº é brasileiro, nascido em 1943, na cidade do Rio de Janeiro (RJ). Formou-se em direito na Pontifícia Universidade Católica (PUC-RJ). Iniciou sua carreira profissional em 1961, como advogado.

Atua no mercado financeiro nacional e internacional desde 1968, época em que ingressou no Grupo Investbanco, onde trabalhou até 1972, quando assumiu a Gerência Geral de Captação do Banco Crefisul de Investimento, em São Paulo. Foi diretor do Banco Mercantil de São Paulo-Finasa e Banco Mercantil de São Paulo de 1973 a 1982, período em que se transferiu para o Grupo Supergasbrás como diretor financeiro da holding até desligar-se da companhia em 1986, como diretor vice-presidente.

No âmbito esportivo, destacou-se como titular dos times de voleibol do Botafogo de Futebol e Regatas e das Seleções Carioca e Brasileira, durante as décadas de 1960 e 1970.

Atualmente é sócio e diretor da AGF – Assessoria e Participações Ltda. e presidente de honra do Instituto Brasileiro de Executivos de Finanças (IBEF). Foi eleito Presidente da Confederação Brasileira de Voleibol (CBV), em junho de 1995. Em 1997, foi condecorado Benemérito do Estado do Rio de Janeiro. Em 1999, recebeu o Prêmio Equilibrista – O Executivo do Ano, concedido pelo Instituto Brasileiro de Executivo de Finanças do Rio de Janeiro.

Em 2002, recebeu a Cruz do Mérito Esportivo, concedida pelo Presidente Fernando Henrique Cardoso. No ano seguinte, foi agraciado com a Medalha de Mérito Legislativo da Câmara dos Deputados e a Medalha do Pacificador do Exército Brasileiro. Em 2004, recebeu a Medalha Pedro Ernesto, concedida pela Câmara Municipal do Rio de Janeiro. Em 2005, recebeu a condecoração de Cavaleiro da Ordem do Mérito Militar do Exército, a Cruz do Mérito do Empreendedor Juscelino Kubitschek e o prêmio Lions de Esporte.

É Presidente da Confederação Sul-Americana de VolleyBall e vice-presidente da Federação Internacional de Volleyball (FIVB). Também é vice-presidente da Associação Comercial do Rio de Janeiro.

Foi condecorado com os títulos de Cidadão Saquaremense, Barão de Saquarema, Cidadão Maceioense, Cidadão Mato-grossense, Cidadão Pessoense, Cidadão Cabofriense e Cidadão Niteroiense.

85, LN